Alexander Adrion
Taschendiebe

10/92

F·D –

Giorgio Sommer: Schuhputzer und Taschendieb, Neapel, 1870
Sammlung Robert Lebeck

Alexander Adrion

Taschendiebe

*Der heimlichen Zunft
auf die Finger geschaut*

Verlag C. H. Beck München

Mit 40 Abbildungen

Aus persönlichkeitsrechtlichen Gründen wurden die Namen von noch
lebenden Taschendieben geändert.

Die Deutsche Bibliothek – CIP-Einheitsaufnahme

Adrion, Alexander:
Taschendiebe : der heimlichen Zunft auf die Finger geschaut /
Alexander Adrion. – München : Beck, 1992
    ISBN 3 406 36694 5

ISBN 3 406 36694 5

© C. H. Beck'sche Verlagsbuchhandlung (Oscar Beck), München 1992
Satz und Druck: Appl, Wemding
Gedruckt auf alterungsbeständigem (säurefreiem) Papier
gemäß der ANSI-Norm für Bibliotheken
Printed in Germany

Inhalt

7

Vorbemerkung

Warum mich Taschendiebe interessieren

Noch nie wurden meine eigenen Taschen von den Vertretern des einnehmenden Gewerbes heimgesucht. Ich habe keinerlei Grund, mich über sie zu beklagen. Ganz im Gegenteil! Ob sie mich nicht für bestehlenswert erachtet haben, bleibt eine offene Frage. Daß ich mich viele Jahre mit ihnen beschäftigt habe, fasziniert ihre Geschichte verfolgte, verwundert über ihren Einfallsreichtum ihre Tricks und Schliche rubrizierte, können sie mir schließlich nicht ansehen. Aber es drängt sich mir die Vermutung auf, daß Langfinger über einen siebten Sinn verfügen müssen, der ihnen instinktsicher rät, ihren beutegierigen Blick von mir abzuwenden und diskret nach anderen Opfern Ausschau zu halten.

Dennoch gibt es einen überaus persönlichen Grund, daß Taschendiebe zu meinem Thema wurden. Er hat mit meinem eigenen, beglückenden Beruf zu tun, dem des Zauberers. Zwei kurze Geschichten mögen meine Motive verstehbar machen.

Die eine spielt vor siebzehnhundert Jahren. Mit einer Ladung Feigen und Dörrobst hatte ein Mann vom Lande seinen Esel in die Stadt geführt. Nachdem er alles auf dem Markt verkauft hatte, nahm ihn einer seiner Bekannten mit ins Theater, wo es allerlei Unterhaltsames zu sehen gab. Auch ein Taschenspieler trat dort auf und zeigte seine unerklärlichen Zauberkünste. Der Rhetor Alciphron hat festgehalten, wie das Bäuerlein darauf reagierte. Sein Verdutztsein über die Konfrontation mit dem Staunenerregenden äußerte er nicht etwa in begeisterter Zustimmung, sondern mit der Geste mißtrauischer Abwehr: «Der Spitzbube – auf meinen Hof soll ein solcher Kerl nicht kommen! Denn der wird sich von keinem erwischen lassen und mir alles, was ich habe, wegstibitzen.»

Die andere Geschichte spielt vor gut dreißig Jahren in Berlin-Dahlem, wo ich für den Freundeskreis einer Buchhandlung gastierte. Unter den Anwesenden befand sich auch Professor Hans Orlowski von der Hochschule für Bildende Künste. Wie ich damals nach meinen «Kammerspielen des Scheins» erfuhr, hatte er sich seine Krawatte vor diesem Abend von seiner Frau am Oberhemd festnähen lassen, damit ich sie ihm nicht unbemerkt während meiner Vorstellung entwenden könne.

Taschenspieler und Taschendieb haben nur eines gemeinsam: fingerfertige Traditionalisten sind sie, so unterschiedlich sie auch ihr jeweiliges Hand-Werk ausüben. Wendet man die beiden Begriffe nicht richtig an, entsteht Kuddelmuddel. Häufig genug vollführten muntere Stimmungsmacher in meiner Gegenwart vielsagende Handbewegungen auf ihre Rockinnentasche zu, die bedeuten sollten, man möge nur gut auf sein Geld aufpassen. Begleitet wurde die Gebärde von immer dem gleichen Ausruf, den ich über fast vier Jahrzehnte meiner beruflichen Existenz zu hören bekam: «Haltet die Brieftasche fest, der Zauberer ist unter uns!»

Nie war das eine ernstgemeinte Warnung, natürlich nicht. Eher sollte es wohl ein gesprächsbeflügelnder Aufhänger sein, ein witzig verpacktes Kompliment der Art: wer so wie er zu zaubern versteht, dem wäre schließlich alles möglich. Denn vor allem nach meinen Gastspielen wurde ich beim üblichen Zusammensein mit den Veranstaltern mit dieser verschmitzten Bezüglichkeit konfrontiert.

Wie naheliegend, daß Taschendiebe und ihr seltsames Metier schließlich zum Gegenstand meiner Neugierde wurden. Ich wollte mehr über jene erfahren, die wie ich Handfertigkeiten vorzuweisen haben, auch wenn sie einen völlig anderen Gebrauch von ihrem Können, von ihren Talenten machen.

Aber woher sollte ich etwas über die heimliche Zunft erfahren, wo weltweit nicht eine Publikation aufzutreiben war, die sich ausschließlich mit ihr befaßte? So machte ich mich selbst auf die Suche und sah den Taschendieben – bildlich gesprochen – in Geschichte und Gegenwart auf die Finger. Aus unterschiedlichsten und häufig schwer zugänglichen Quellen stöberte ich mancherlei ungehobenes Material auf. Die interessantesten Aspekte daraus habe ich für dieses Buch ausgewählt und zurechtgemacht für ein völlig gefahrloses Rendezvous mit jenen, deren unheimlicher Gegenwart wir uns nirgendwo entziehen können.

Paul Flora

Der Taschendieb alter Schule

*Ich kann mir denken, daß ein Ta-
schendieb, der stolz auf seine eigenen Finger ist, eine Art Entrüstung
empfindet, wenn ein zerstreutes
Frauenzimmer ihre Handtasche mit
all ihren Juwelen in einer Droschke
liegen läßt.*

W. Somerset Maugham

Läßt man die unterschiedlichen Spielarten der Aneignung
fremden Eigentums Revue passieren, dann muß man dem Taschendieb alter Art eine Sonderstellung einräumen. Nie würde er sich mit den ihm nachgerade lächerlich erscheinenden
Umständlichkeiten eines Tresorknackers abgeben, nie würde
er auf die Idee kommen, ein Auto auszuräumen oder es gar zu
stehlen, auch führt ihn der fremde Mantel im Restaurant nicht
in Versuchung. Hauseinbrüche und Warenhausdiebstahl sind
kein Thema für ihn.

Der Taschendieb ist der Mann des unerschrockenen persönlichen Einsatzes. Er lebt vom Kontakt zum lebendigen
Menschen, so einseitig dieser Kontakt auch sein mag. Innerhalb der großen Diebeszunft ist er der ohne Netz und Appa-
rat arbeitende Artist. Für keinen anderen Dieb ist das Risiko,
auf frischer Tat ertappt zu werden, so groß wie für ihn.

Er genießt den Reiz, eine sich anbietende Situation blitzschnell zu erfassen und auszuwerten. Unter Tausenden pickt
er sich seine ahnungslosen Klienten heraus. Intuitiv erspürt er
den Ort, an dem die Wertsachen in der Kleidung seiner Opfer
auf ihn warten. Wahrhaftig, er ist ein Meister des Einfüh-

12

*Taschendiebe sind stets gut gekleidet, obwohl sie notwendig er-
weise ohne Stock gehen und niemals Handschuhe tragen. Sie
bemühen sich, Benehmen und Sprache der Leute gehobenen
Standes zu imitieren, was einigen unter ihnen perfekt gelingt.*

Eugène-François Vidocq, 1836

lungsvermögens mit dem kürzestmöglichen Verbindungs-
weg zwischen sinnlichem Erfassen, gedanklicher Übersetz-
zung und rascher Willensaktivierung, die seiner feinnervigen
Hand nach der heimlichen Annäherung an das auserwählte
Opfer die Impulse zum freien Spiel gibt.

In Professor Kretschmers Typenlehre fügt er sich zumeist
hervorragend in die Gruppe der schlanken und wendigen

Leptosomen ein. Als Vertreter der «alten Schule» gehört er zur elitären Minderheit der Sanften und Behutsamen seines Metiers. In seinem hochentwickelten Standesethos steht die Gewaltlosigkeit an oberster Stelle. Darin gleicht er einem fernöstlichen Weisen. Nie würde er arme, alte oder behinderte Menschen bestehlen. Einer Frau in die Einkaufstasche zu fassen, um die obenaufliegende Geldbörse zu ergreifen, das wäre unter seiner Würde.

Weil sein wichtigstes Kapital die Anonymität ist, strebt er durch Verhalten und Kleidung größtmögliche Unauffälligkeit an. Es steht ihm nicht ins Gesicht geschrieben, daß er ein Langfinger ist. Kein noch so erfahrener Psychologe könnte von seinem Erscheinungsbild auf sein Handwerk schließen.

Als traditionsbewußter Spitzenkönner seines Berufsstandes verfügt er über eine phänomenale Hand- und Fingerfertigkeit. Was seinem Leben Sinn verleiht, ist der kunstvoll ausgeführte Griff. Dennoch fühlt er sich bei jeder professionellen Aktion dieser Goldenen Regel seiner Zunft verpflichtet:

man stiehlt mit Hirn und Auge,
nicht mit den Fingern.

In New York begegnete der schwedische Kriminalist Harry Söderman einem Taschendieb der alten Schule. Er erinnert sich:

«Im Jahre 1940 erlebte ich bei der New Yorker Polizei das Verhör eines der wenigen noch existierenden Taschendiebe der sanften alten Art. Unter all den vielen Übeltätern auf den verschiedensten Gebieten, die man aufgegriffen hatte, befand sich ein unscheinbarer älterer Mann, der, als die Reihe an ihn kam, verlegen in das grelle Licht blinzelte.

Der Polizeihauptmann, der die Verhöre vornahm, brüllte ihn an: ‹Ihr Name ist Isaak Ahasuerus. Sie sind zweiundsiebzig Jahre alt. Man hat Sie in einer Kirche geschnappt, wo Sie neben einem Kirchenältesten, einem Ingenieur, saßen, der

14

fünfhundert Dollar bei sich hatte. Dabei müssen Sie ihm das Geld entwendet haben. Gestehen Sie?›

‹Nein, Herr›, antwortete der alte Mann mit demütiger Miene.

‹Wieso sind Sie als Jude in eine christliche Kirche gegangen?›

‹Ich kann überall zu Gott beten.›

Später zog ich ihn in ein Gespräch. ‹Sie haben das Geld natürlich gestohlen›, sagte ich mit leiser Stimme.

‹Natürlich hab' ich's getan›, flüsterte er. ‹Aber es war kein Zeuge dabei. Ich bin siebenundzwanzigmal in meinem Leben verhaftet worden, und wenn ich es gestanden hätte, wäre es mein Ende gewesen.›

Etwas töricht fragte ich darauf: ‹Glauben Sie nicht, daß Sie zu alt zum Stehlen sind?› Er flüsterte wieder: ‹Menschen wie ich bekommen keine Pension.› Und stolz fügte er hinzu: ‹Ich habe immer ein gutes Leben geführt. Ich habe mir nie ein Paar Schuhe unter vierzig Dollar gekauft.›

Natürlich wurde der alte Knabe freigelassen, wie schon so oft zuvor. Ein raffinierter Taschendieb entledigt sich immer sofort seiner Beute, und man hatte gegen ihn weiter keinen Beweis, als daß er oft festgenommen worden war und neben dem Kirchenältesten gesessen hatte. Er war einer der letzten Überlebenden der Zunft der New Yorker Taschendiebe, die, wenn sie auch nicht so berühmt waren wie die Londoner, einst als die besten der Welt galten.»

Legendenumrankt: John Dawson, Pickpocket

Zu den bekanntesten Pickpockets Amerikas gehörte um die Jahrhundertwende John Dawson. Wegen seiner großen Geschicklichkeit und seiner Erfahrung genoß er legendären Ruf. Weil er leicht seekrank wurde, hat er sein Land nie verlassen. Vor allem auf den großen Märkten von Illinois bediente er sich seiner Talente. Was er an einem einzigen Markttag in

Galesbury vollbrachte, hat ihm keiner seiner Zunftgenossen je nachgemacht.

Er erschien auf dem Markt, verweilte dort etwa ein Stunde und verschwand wieder. Wenig später beklagten elf Pferdehändler vor dem örtlichen Richter ihren Verlust, der nicht gering war. Ihnen allen waren die prall gefüllten Börsen gestohlen worden, die sie aus alter Tradition fest um den Leib geschnürt zu tragen pflegten.

Noch während der Richter mit der Aufnahme der Anzeigen beschäftigt war, erschien ein Bote und überreichte ihm einen versiegelten Umschlag. «Sofort zu öffnen» stand darauf. So schnell und spurlos, wie er gekommen war, verschwand der Bursche kurz darauf.

Die Betroffenen um einen Augenblick Geduld bittend, öffnete der Richter den Umschlag und verlas den knappen Text, den er dort fand: «Der Richter wird gebeten, einen Polizeibeamten zum dritten linken Baum in der 7. Straße mit dem Auftrag zu entsenden, dort abzunehmen, was daranhängt.»

Der vom Richter sogleich losgeschickte Polizist kam bald darauf mit elf Geldbörsen zurück. Sie waren leer, natürlich. Aber in jeder steckte ein Kärtchen mit dieser Unterschrift:

> JOHN DAWSON
> Pickpocket

In einem New Yorker Restaurant setzte sich Dawson eines Tages zu zwei Jungvermählten an den Tisch, und bald schon hatte er Braut und Bräutigam bestohlen. Seine Beute bestand allerdings nicht nur aus deren Wertsachen, vielmehr gehörten auch seine eigene Brieftasche und Geldbörse dazu; die waren ihm nämlich kurz zuvor von den beiden jungen «Kollegen» gemopst worden. An dieser nicht gerade feinfühligen Tour hatte Dawson noch lange sein Vergnügen: Die beiden Pickpockets waren Engländer, und als patriotischer Yankee genoß er es ganz besonders, zwei «Insulaner» übers Ohr gehauen zu haben.

Mimi Lepreuil – «Die Goldhand»

Nur wenigen aus der großen Zahl der Langfinger ist es gelungen, das Unmögliche möglich zu machen, was im spitzbübischen Gewerbe nur bedeuten kann, ein Leben lang fleißig gewirkt und dennoch unentdeckt geblieben zu sein. Mimi Lepreuil war einer aus der kleinen Schar dieser Wundermänner. Nie ist er einer ehrlichen Beschäftigung nachgegangen. Dieser äußerlich völlig unscheinbare Mann arbeitete als Solist, er war ein Genie in der Auswahl seiner durchweg wohlhabenden Opfer, die er mit unendlicher Geduld so lange beschattete, bis sich die Gelegenheit eines risikolosen Zugriffs bot. Die französischen Polizeibehörden wußten, daß er ein Taschendieb war. Verurteilt wurde er nie, kein einziger Verdachtsfall konnte ihm nachgewiesen werden. Die ihn bewundernden Zunftgenossen verliehen ihm den Ehrentitel «la main d'or». Das war die höchste Form der Anerkennung jener, die man als aktive tireurs im französischen Gaunerjargon «la main» nannte, «die Hand». Als Lepreuil seine goldene Hand zur Ruhe kommen ließ, lebte er von einer Rente, um die ihn ein Minister beneidet hätte.

> *Ein Dieb, den das Stehlen reich*
> *gemacht, gilt als Gentleman.*
> Englisches Sprichwort

Die folgende Lobrede auf die Fähigkeiten der Taschendiebe findet sich im «Code des gens honnêtes», einem 1825 anonym in Frankreich erschienenen Werk, das über Diebe und ihre Praktiken handelt. Man kann sie als vorweggenommenes Porträt des unwahrscheinlichen Mimi Lepreuil ansehen:

«Ein Dieb ist ein rares Individuum, das alle Arten von Perfektion in sich vereinigt: eine durch nichts zu erschütternde Kaltblütigkeit; eine nie versagende Kühnheit; die Fähigkeit, zupackend oder behutsam jede sich bietende Gelegenheit zu ergreifen; Behendigkeit, Mut, gute Konstitution, scharfe Augen, flinke Hände, verwandlungsfähig, was seine äußere Erscheinung anbelangt. Zwar bedeuten diese Vorzüge dem Dieb nichts, und dennoch bilden sie in ihrer Summe das, was das Talent eines Hannibal, Marius oder Cäsar ausmacht.»

John Larney, genannt «Mollie Matches»

gehörte in den siebziger und achtziger Jahren des vergangenen Jahrhunderts zu den Kriminellen, die sich regelmäßig im Winter in New Orleans einfanden, in den besten Hotels abstiegen und sich der Freundschaft von Politikern und hohen Beamten aus Stadt und Staat erfreuten. Zwar verstand er sich auf die Entleerung wohlgefüllter Taschen auf meisterliche Weise, im Unterschied zu anderen Pickpockets, die sich ausschließlich auf die Taten ihrer Hände verließen, wußte er auch anderweitig zu stattlichen Einnahmen zu kommen. So ließ er sich im amerikanischen Bürgerkrieg 93 mal bei den verschiedensten Einheiten registrieren, kassierte das ausgesetzte Handgeld und verschwand immer kurz darauf.

Seine Freunde nannten ihn voller Bewunderung nur «Mollie Matches». Noch ein schmächtiger Knabe, hatte er sich anläßlich einer großen Tanzveranstaltung in New York als match girl, als Streichholz-Verkäuferin, verkleidet, eine Gelegenheit, bei seinem Handel den Menschen recht nahe zu kommen. An diesem einen Abend hat er es auf runde 2000 Dollar gebracht.

«Lady Finger» – der Broadway war ihr Revier

Man nehme einen beliebigen ordinären Diebestrick und ver-
feinere ihn durch eine charmant dargebotene Pose, die der Betroffene erst später durchschaut – darin bestand der Erfolg einer Taschendiebin, die sich den New Yorker Broadway als
Wirkungsstätte auserkoren hatte. Im Milieu nannte man sie
«Lady Finger».

Als gute Schauspielerin hatte sie stets die gleiche Auftritts-
zeit. Wenn spätabends die Theater ihre Besucher entließen,
setzte sich «Lady Finger» mit dem alten Trick der Anrempelung so dezent in Szene, daß die betroffenen Herren glaubten,
sich bei ihr für den Zusammenprall entschuldigen zu müssen.
Kein Wunder, spielte sie bei diesen ihren Auftritten doch ganz
die Dame von Welt. Benehmen und Kleidung entsprachen der
Situation, ein kostbares Hermelincape gab ihrer schlanken
Hand die Deckung für den Beutegriff.

«Lady Finger» war wohlhabender als die meisten ihrer
Opfer: ihre Einnahmen wurden auf jährlich 50 000 Dollar geschätzt; damals war der Dollar noch 4,20 DM wert.

Einen Rastelli bestiehlt man nicht

Enrico Rastelli, der legendäre Meisterjongleur, traf einmal auf
Taschendiebe der feinen, alten Art. Dieses rare Glück wider-
fuhr dem damals noch unbekannten jungen Artisten in
Nischni Nowgorod, dem heutigen Gorki. Von den ersparten
Gagen hatte er sich endlich eine goldene Uhr kaufen können.
Nur drei Tage währte die Freude an diesem Besitz, dann ver-
mißte er die Uhr. Einige Tage später, als er sich am Ende seiner
Darbietung verneigte, wurde von zwei Zirkusdienern ein
großer Lorbeerkranz in die Manege getragen. In einem daran
befestigten Holzkästchen entdeckte Rastelli seine goldene
Uhr und diesen Brief:

«Als wir Ihnen die Uhr entführten, wußten wir nicht, daß Sie ein so großartiger Jongleur sind. Gestern erst sahen wir Sie im Zirkus. Nun, einem Künstler solchen Formats wollten wir kein Leid antun. Verzeihen Sie uns – wir bewundern Sie!

Die Vereinigung der Taschendiebe
von Nischni Nowgorod»

Die «Schere»

Zur Berufsehre der Taschendiebe alter Art gehört der Grundsatz, keinerlei Hilfsmittel zu benutzen. Der wirkliche Könner, der die Tradition der Gewaltlosigkeit hochhält, arbeitet ausschließlich mit der Hand, genauer, mit zwei geschickten Fingern, mit denen er eine «Schere» macht, wie ein Krebs, weshalb er von Kriminalisten auch «Taschenkrebs» oder «Scherenmacher» genannt wird. Die klassische Beschreibung dessen, was die Diebeshand nahe am Körper des Opfers vollführt, stammt vom «Doktor beider Rechte» Avé-Lallemant, der im vergangenen Jahrhundert sein Standardwerk über «Das deutsche Gaunertum» veröffentlichte:

«Der den Taschendieben eigentümliche Griff heißt ‹die Schere›. Zur Schere dient der Zeige- und Mittelfinger, die seitlich voneinander bewegt und wie die Schneiden einer Schere zusammengeführt werden, um die in der Tasche des Freiers – so nennt man in der Gaunersprache den Bestohlenen – befindliche Geldbörse und anderes zu fassen. Der Dieb führt die Hand gewöhnlich so in die Tasche, daß der Rücken seiner Hand gegen den Körper des Freiers gewendet ist, damit er desto leichter die Tasche vom Körper abbiegen und jede körperliche Berührung vermeiden kann. Der Daumen, der vierte und fünfte Finger liegen leicht in der inneren Hand und werden nach Bedürfnis zur Ausweitung der Taschenfalten bewegt, um so den Durchgang und die Arbeit der Schere zu erleichtern.»

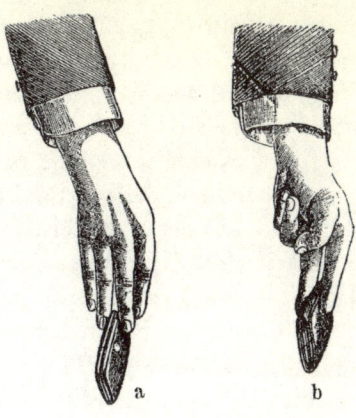

Die «Schere»

«Es gibt zwei Formen der Schere: entweder wird der Daumen eingeschlagen und die Börse mit der Spitze des dritten und vierten Fingers gepackt; oder es wird Daumen, vierter und fünfter Finger eingeschlagen und dann mit der Spitze des zweiten und dritten Fingers gefaßt. Welche Form der Dieb wählt, hängt davon ab, welcher Finger an seiner Hand länger ist: ist der Ringfinger annähernd so lang wie der Mittelfinger, so stiehlt er nach der Form a, ist der Zeigefinger länger, so wählt er die Form b.»   Hans Groß, 1919

Diebeshände sind kostbar

Das wertvollste Kapital des Taschendiebs sind seine Hände. Nachgerade fetischistisch ist er auf sie fixiert, alltägliche Verrichtungen mutet er ihnen tunlichst nicht zu. Ihr Daseinszweck erfüllt sich im erregenden Moment des Hineingleitens in die fremde Tasche. Für den wenige Sekunden währenden Beutegriff hat er sie in langem Training sensibilisiert, damit sie in spielerischer Leichtigkeit, völlig unverkrampft, das heimliche Werk vollbringen. Wahrhaftig ein kunstvoll geübtes Hand-Werk, diese feinnervig dargebotene Zweifingerkunst.

Eric Parr, ein Engländer, der sich in jüngeren Jahren auf Einbruchs-Diebstähle spezialisiert hatte, nun aber ein recht bürgerliches Leben führt, machte einmal die Bekanntschaft eines holländischen Taschendiebs, der bis zum Beginn seines Ruhestandes in Fachkreisen als der Obermeister seiner Zunft galt. Ein kleiner, nett aussehender Herr war es, der unauffällig gekleidet war und wenig sprach. Parr bemerkte, wie sorgfältig dieser Taschendieb a. D. auf seine Hände achtete. In seiner Wohnung tranken sie Bier, aber der kleine Herr versuchte erst gar nicht, den Verschluß der Flasche zu öffnen, sondern überließ diese Arbeit seiner Frau:

«Während wir miteinander sprachen, beobachtete ich seine Hände, die aussahen wie die eines Konzert-Pianisten. Im Gegensatz zu seinem sonnengebräunten Gesicht waren sie schneeweiß. Ich vermutete, daß er sehr häufig Handschuhe trug. Im Laufe des Gesprächs wurde ich in meiner Annahme bestätigt, als er mir erzählte, sogar beim Schlafen schütze er seine Hände mit Handschuhen. Ich meinte, seine Finger müßten wohl sehr feinfühlig sein. Darauf lachte er, lehnte sich dann über den Tisch und, ehe ich mich's versah, hatte er meine Taschenuhr aus meiner Weste entwendet.»

Dieser niederländische Taschendieb, so Eric Parr, hatte einmal bei einem Sportereignis einen Rekord aufgestellt: Bei einem Fußballspiel in Wembley nahm er dreiunddreißig Uhren unbemerkt ihren Besitzern ab, darunter zwanzig Armbanduhren. Leicht einzusehen, daß dieser Mann zur Elite seines Berufsstandes gehörte. Seine Berufsausübung soll ihm viel Vergnügen bereitet haben ...

«Der Taschendieb hat verhältnismäßig wohlgepflegte, durch keine Arbeit gehärtete, lange, schmale Hände, die meistens durch Fett, Vaseline, Glyzerin usw. weich und geschmeidig erhalten werden. Denn hat er keine solchen Hände, so muß er sich einem anderen Gewerbe zuwenden, er taugt nicht zum Taschendieb. In der Regel fällt auch auf, daß an seinen Händen der Mittelfinger nicht wesentlich länger ist, als die zwei benachbarten Finger, Zeige- und Ringfinger. Dies braucht er beim ‹Scheremachen›.»   Hans Groß, 1919

Kierkegaards «Meisterdieb»

Was hat sie alle getrieben, ihre Hände nach fremdem Eigentum auszustrecken, die berühmt-berüchtigten unter ihnen, wie Rob Chassel, Tom Taylor, Josef Weismann und Mary Frith, und die weit größere Schar der nie gerühmten Taschendiebe? Ein Dieb unserer Zeit, Serge Livrozet, hat in französischen Gefängnissen darüber nachgedacht. In seinem Buch «Über die Berechtigung, in fremde Taschen zu greifen», steht ein Satz, der die Motive vieler aus der Gilde der Langfinger offenbart:

«Im Anfang entsprachen diese Diebstähle bestimmten Bedürfnissen. Doch als diese gestillt waren, hatten meine Diebstähle, wie ich glaube, allmählich eine ganz andere, eher symbolische Funktion; ich wollte mich bestätigen und durch dieses neue Machtmittel den ärmlichen Verhältnissen, in denen ich lebte, entwischen, wobei ich mir vormachen konnte, ein bißchen weniger arm, ein bißchen freier, ein bißchen mächtiger zu sein.»

Freier und mächtiger sein und dabei eine Persönlichkeit mit außergewöhnlichen Gaben entwickeln, ausgestattet mit einer kriminellen Energie, die sich auf virtuose Weise zum Wohle der Menschheit nutzbar machen läßt – mit solchen Attributen bedacht stellt uns Sören Kierkegaard das Porträt des Meisterdiebs vor:

«Es nimmt mich wunder, daß niemals jemand die Idee zu einem ‹Meisterdieb› behandelt hat . . . Bei dieser Idee müssen wir uns nun vornehmlich daran erinnern, daß man sich das Schlechte, das Diebische usw. gar nicht als das einzig und al-

23

lein zugrunde Liegende gedacht hat. Nein, im Gegenteil, man hat sich den Meisterdieb zugleich mit Gutmütigkeit, Liebenswürdigkeit, Wohltätigkeit und dazu mit außerordentlicher Konduite, Verschlagenheit, Pfiffigkeit gedacht . . . Oft müssen wir ihn uns denken als den, der mit dem Bestehenden unzufrieden ist und der nun sein Mißvergnügen dadurch ausdrückt, daß er die Rechte anderer kränkt, und der darin eine Gelegenheit sucht, die Obrigkeit zu verhöhnen und mit ihr zusammenzustoßen. In dieser Hinsicht ist es bemerkenswert, daß man ihn sich denkt als von den Reichen stehlend, um den Armen zu helfen, was ja Edelmut beweist, und daß er nicht um des eigenen Vorteils willen stiehlt . . . Ein solcher Meisterdieb wird auch kühn und freimütig sein Verbrechen eingestehen und die Strafe dafür leiden als ein Mann, der sich bewußt bleibt, er habe für eine Idee gelebt.

Natürlich muß man ihn auch ausgerüstet denken mit einem hohen Grad von Humor, was sehr wohl vereint werden kann mit seinem Mißvergnügen, das ihn eben satirisch machen wird und doch leicht vereint werden kann mit seinem Ursprung aus der einfacheren Volksklasse, aus der Wurzel der Nation.

Einem Eulenspiegel wird er in einzelnen Fällen gleichen.»

Als Kierkegaard diesen Text 1834 niederschrieb, war er einundzwanzig Jahre alt; damals studierte er in seiner Vaterstadt Kopenhagen Theologie. Unvermittelt konfrontiert er uns mit Ideen, die damals umgingen. Proletariat und Bourgeoisie drifteten immer weiter auseinander; die Einsichtigen dachten über den Widerspruch zwischen Arbeit und Kapital nach und kamen so bei der Definition des Begriffes Eigentum zu Formulierungen, die ungewöhnlich, die revolutionär waren. «Eigentum ist Diebstahl» – so der französische Sozialphilosoph Proudhon –, worauf er sich von Max Stirner anhören mußte, daß das wohl nicht stimmen könne: «Ist der Begriff ‹Diebstahl› überhaupt anders möglich, als wenn man den Begriff ‹Eigentum› gelten läßt? Wie kann man stehlen, wenn nicht schon Eigentum vorhanden ist . . .?»

Drei Jahre nach dem kühnen Entwurf seines ‹Meisterdiebs›
notierte der Weise von Kopenhagen:

«Ich erinnere mich noch des Eindrucks, den es auf mich
machte, als ich vor ein paar Jahren, in jugendlich romantischer
Begeisterung für einen Meisterdieb, zu der Äußerung kam,
daß es doch bloß ein Mißbrauch der Kräfte sei und daß ein
solcher Mensch schon noch sich bekehren könnte.»

Virtuosen ohne Beifall

*Es ist wirklich ein Beruf, ein Hand-
werk, ein Metier. Die Fingerfertigkeit, die hierzu nötig ist, kann nur
durch stete und fleißige Arbeit zu
Hause, einer besseren Sache würdig,
gewonnen werden.*

Godfried Bomans

Bei den folgenden Kurzbiographien handelt es sich um Damen und Herren der sogenannten alten Schule. Alle agierten
sie als Einzelgänger. Spätestens hier sollten wir uns den bitte-
ren Realitäten ihrer kriminellen Existenz stellen.

Für die meisten von ihnen erfüllte sich der Traum von
Reichtum, Freiheit und Überlegenheit nicht. Berühmt sein in
diesem Metier bedeutet nicht, nie in Handschellen auf die Polizeiwache geführt worden zu sein. Im Gegenteil! Eher gehört
die Unbekehrbarkeit zu den Wesensmerkmalen berühmter
Taschendiebe.

Sie hören es gern, wenn sie als «Gentleman-Pickpocket»
bezeichnet werden; Glorifizierungen wie «König der Ta-
schendiebe» oder «Prince of Pickpockets» tun ihnen gut. Ein
Blick auf die Zahl ihrer Niederlagen und die Länge ihrer
Haftstrafen läßt jedoch den Nimbus verschwinden, der den
Langfingern anhaftet.

Alle Taschendiebe sind Gefangene ihrer frei gewählten
Profession. Nur selten gibt es einen Aussteiger. Verhaftung –
Verurteilung – Knast, und nach einer übergänglichen Erhol-
phase in der Heimat geht es nach gewohntem Muster weiter,
ein Leben lang.

Elisabeth Gassner, auch «Schwarze Lies» genannt

Nachdem diese berüchtigte Geldsacklangerin ihre munteren Hände viele Jahre nach fremdem Eigentum ausgestreckt hatte, wurde sie 1788 in Dillingen hingerichtet. Bis zu diesem Zeitpunkt hatte sie verstanden, «durch Angebung eines falschen Namens und Ableugnung ihrer Missetaten mit einer Tracht Schläge davon zu kommen». Was ihr unrühmliches Ende bewirkte, teilt eine zeitgenössische Quelle mit:

«Diese Hauptgaunerin hatte die Kühnheit, bey einer Feyerlichkeit, die zu Ludwigsburg stattfand, unter der Thür der Schloßkapelle daselbst bei Anwesenheit des Großfürsten, dem Malefizgrafen Schenk von Castell einen Beutel mit 1400 Gulden in Gold- und Silbermünzen aus der Tasche zu ziehen, und stahl daselbst an einem Abende im Theater vier Uhren, drey silberne Tabakdosen und dreyzehn Schnupftücher.»

George Barrington – «Prince of Pickpockets»

Ein Taschendieb mit legendärem Ruf, dieser 1755 in der Nähe von Dublin als Sohn eines Silberschmieds geborene George Waldron. Als er sich einer Schauspielertruppe anschloß, nannte er sich Barrington. Nur allzu gern ließ er sich von John Price, seinem Theaterleiter, zum Diebeshandwerk verführen. Seine ersten Greifversuche machte er bei Pferderennen. Nachdem sein Meister ertappt und zur harten Strafe der Verbannung verurteilt worden war, floh Barrington voller Panik nach England.

Rasch fand dieser hochtalentierte junge Ire Zugang zur gehobenen Gesellschaftsschicht der Metropole, denn er war ein hervorragender Unterhalter. Aber bald nutzte er die ihm mitgegebenen Vorzüge aus, die Taschen seiner Bewunderer auszuplündern: In den Theatern, bei den Pferderennen und selbst bei Empfängen des Königshauses ließ er seine Hände in den Taschen der Wohlhabenden spielen.

Allerdings bediente er sich eigens für ihn angefertigter Hilfsmittel, die er wie ein feinfühliger Chirurg zu handhaben verstand. Kleine Messer waren es, die ein Maximum an Geschicklichkeit für den gut geführten Schnitt verlangten. Sie hatten den Nachteil, daß man ihn nach Festnahme als Dieb identifizieren konnte.

Zu seinen Opfern gehörten Prinzen und Parlamentsmitglieder, Ratsherren und Diplomaten. Am 18. Dezember 1776 besuchten König George III. und Königin Charlotte eine Vorstellung im Drury-Lane-Theater, eine höchst vorteilhafte Gelegenheit für Barringtons Absichten. In den mit Menschen vollgestopften Gängen des Theaters kam er ebenso zum Zuge wie bei einem Empfang anläßlich des Geburtstages der Königin, wo er, als Priester verkleidet, einem Edelmann einen mit Diamanten geschmückten Orden abnahm.

In der St.-Pauls-Kathedrale bestahl er reihum die Andächtigen, im Covent-Garden-Theater brachte er den russischen Prinzen Orloff um dessen goldene, mit Brillanten besetzte Schnupftabaksdose, deren Wert man auf 30 000 Pfund schätzte.

George Barrington, «The Prince of Pickpockets». Niemand war vor den Händen dieses irischen Abenteurers sicher. Achtzehn Jahre währte seine Karriere als Langfinger. Dublin, London und Edinburgh waren die Schauplätze, an denen er es vor allem auf die Wohlhabenden abgesehen hatte. Hier bestiehlt er den Landedelmann John Brown aus Brandford. Seine Beute waren vierzig Guineas, eine goldene Uhr und mehrere Siegel.
Im unteren Teil sind jene Werkzeuge zu sehen, mit denen er die Arbeit seiner Hände unterstützte, um große Beute machen zu können.

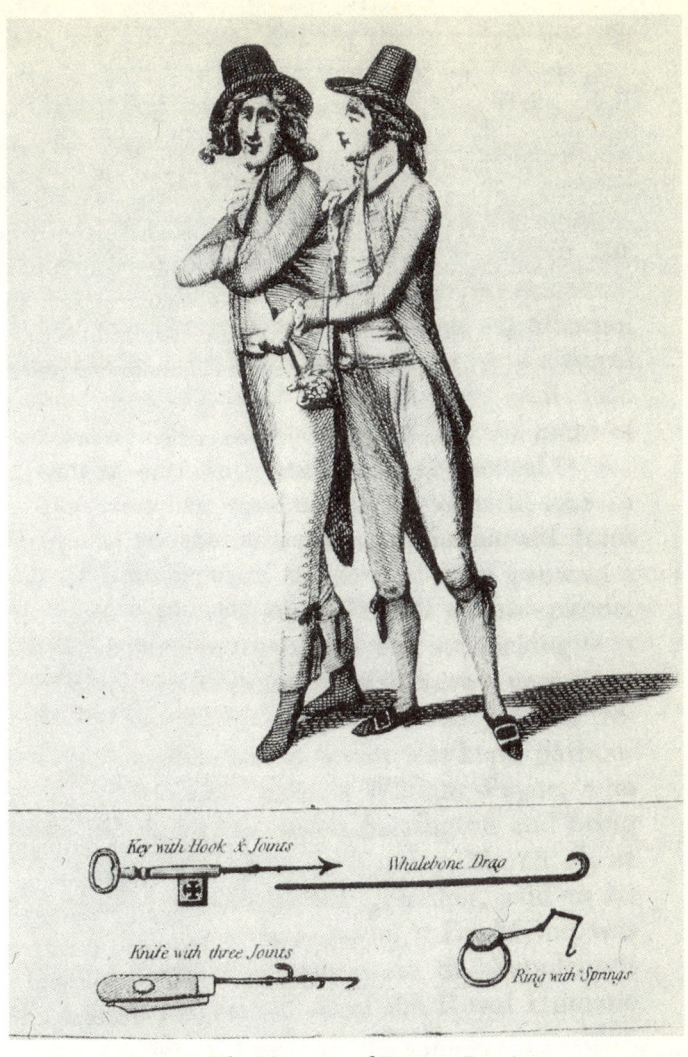

Key with Hook & Joints

Whalebone Drag

Knife with three Joints

Ring with Springs

Frontispiz aus «The Memoirs of George Barrington», 1790

Seine Karriere als Pickpocket währte knapp achtzehn Jahre. Wie alle vom gleichen Berufsstand war er unbekehrbar. Auch die siebeneinhalb Jahre, die er in Gefängnissen verbrachte, hielten ihn nicht davon ab, «von den Reichen angemessene Abgaben zu erheben, um die Werte ihrer gerechten Verteilung zuzuführen».

Nach den ersten Festnahmen fand seine Beliebtheit bei den Nobilitäten ein rasches Ende. Bewundert wurde er nur noch, wenn er vor Gericht stand. Hinreißend verstand er sich zu verteidigen, mit Tränen in den Augen seine Unschuld beteuernd. Große Auftritte waren das, eines bedeutenden Mimen würdig.

Dann kam der 1. September 1790, wo er beim Rennen in Enfield March dem Pferdeliebhaber Henry Hare Townsend «eine goldene Uhr mit Kette, drei Siegel und drei Schlüssel aus der Tasche angelte». Nun hatte man endgültig genug von ihm. Von Glück konnte er sagen, daß er, eingestuft als Unverbesserlicher, nur eine siebenjährige Verbannung als Strafe zugemessen bekam. Am Tag der Urteilsverkündung war der Gerichtssaal von Old Bailey so voll wie nie zuvor. Mit einer fünfundzwanzigminütigen Verteidigungsrede gab er seine Abschiedsvorstellung.

George Barrington gehörte zu den einhundertsechzigtausend Kriminellen, die bis 1851 nach Australien geschafft wurden. Verständlich, daß man den fernen Erdteil als «Kontinent der Taschendiebe» bezeichnete. Schon auf der Überfahrt begann für ihn eine Laufbahn anderer Art: Weil er eine Meuterei auf der Scarborough verhindern half, machte man ihn zum Superintendenten seiner Mitgefangenen. Nach seiner 1796 erfolgten Begnadigung wurde er gar «High Constable» in diesem größten Freiluft-Gefängnis der Welt, dort gelegen, wo im Süden von Sydney heute die Flugzeuge landen. George Barrington, von seinen Biographen «Prince of Pickpockets» genannt, starb als frommer Mann in Parramatta im Jahre 1804. Bald nach seinem Tode setzten Verleger seinen von mancherlei Legenden umwobenen Namen auf Bücher, die er nicht geschrieben hatte. Aber die Leser fanden Gefallen an den Abenteuern dieses Meisterdiebs.

Elizabeth West

Sie praktizierte den reinen, kunstfertigen Taschendiebstahl ohne jedes Hilfsmittel als eine der geschicktesten und erfolgreichsten Pickpockets ihrer Zeit. Vor allem in den Londoner Theatern machte sie große Beute. 25 mal stand sie vor dem Richter in Old Bailey. Auch die feierliche Aufbahrung des Earls of Chatham in Westminster am 8. Juni 1778 stimulierte ihre fleißigen Hände, sich nützlich zu machen. Sie wurde ertappt, verhaftet, zur Brandmarkung und einer dreijährigen Haftstrafe verurteilt. Wie anderen rückfälligen Dieben brannte man ihr mit glühendem Eisen ein «T» – für Thief – in einen Daumen ein. Zwei Wochen vor Beendigung ihrer Haft starb sie am gefürchteten «Kerker-Fieber», hervorgerufen durch die unhygienischen Zustände im überfüllten Newgate Prison.

Anmerkenswert ist, daß Elizabeth West ihren beiden Kindern die stattliche Summe von 3000 Pfund Sterling hinterließ. Denn die allermeisten Taschendiebe starben bettelarm.

Margaret Murphy

Erfolgreiche amerikanische Taschendiebin, die sich auf das Bestehlen von Trauergästen bei Beerdigungen spezialisiert hatte. Sechzig Jahre hindurch betrieb sie ihr Hand-Werk. Siebenundsiebzig Jahre war sie bei ihrer letzten Verurteilung im Februar 1887 alt. Dem Richter in New Orleans bekannte sie nicht ohne Stolz, sie habe in den beiden Jahren vor ihrer Festnahme auskömmlich von etwas mehr als einhundert entleerten Taschen gelebt.

Sophie Lyons

entstammte einer englischen Familie von Kriminellen, die nach Amerika ausgewandert waren. Schon als Kind mit dem Diebeshandwerk vertraut gemacht, wurde sie als Zwölfjährige wegen Ladendiebstahls verhaftet. Sechzehn Jahre war sie alt, als sie den Pickpocket Maury Harris heiratete. Noch bevor ihr Honeymoon vorüber war, mußte sie sich von ihrem Mann trennen, weil er eine zweijährige Haftstrafe anzutreten hatte. Ihre zweite Ehe ging sie mit dem berüchtigten Einbrecher «Ned» Lyons ein; sie selbst entwickelte sich zu einer Expertin in Sachen Taschendiebstahl.

Sie suchte die prallgefüllten Brieftaschen und die goldenen Uhren dort, wo sie am ehesten zu finden waren, bei vermögenden Herren, die sich von ihrer Schönheit blenden ließen. Als ihr Mann durch ein von ihm gedrehtes großes Ding zu einiger Wohlhabenheit gelangt war, versuchte er, seine Frau vom Stehlen abzubringen. Es gelang ihm nicht, sie hatte zu viel Spaß daran, lange Finger zu machen.

Schließlich landeten beide zu einer längeren Haftstrafe in Sing Sing. Von dort gelang ihnen eine spektakuläre Flucht. Das Paar setzte sich nach Frankreich ab, wo Sophie Lyons als Madame de Varney ihre brillante Karriere fortsetzte. Ihr Sohn war dem elterlichen Beispiel gefolgt. In jener Zeit saß er in Amerika hinter Gittern. Ihren beiden Töchtern ließen die Lyons in Deutschland eine sorgfältige Erziehung angedeihen. Sie hatten vom Treiben ihrer Eltern keine Ahnung.

Louis Finkelstein

Fünfzig Jahre währte seine Karriere, in der er seine geschmeidigen Hände in die Taschen einer nicht zu schätzenden Zahl von Amerikanern «eintauchen» ließ, weshalb man ihn landesweit als «Louis the Dip» kannte. 1935 wurde er zu seiner ersten Haftstrafe verurteilt, zu einem Jahr Arbeitshaus. Nach zwei Monaten gelang ihm die Flucht. 120 mal wurde er festgenommen, zehn Jahre verbrachte er in Gefängnissen. Er war töricht genug, die Taschen eines Polizeichefs von Ohio zu entleeren, einen Mann zu bestehlen, der vor Gericht als Bürge dabei war, seine Entlassung zu bewirken, und einem Zeitungsreporter, der über eine seiner zahlreichen Verurteilungen berichtete, die Brieftasche zu entwenden.

Als 68 jähriger starb er wie ein gehetztes Reh, so, wie Jean Genet das Leben eines Diebes geschildert hat: Über dem Lenkrad seines Autos war er in seinem heimatlichen Cleveland zusammengebrochen. Nichts blieb diesem «Artisten der Unterwelt» als knappe Nachrufe in den Zeitungen. Sie besagten, Louis Finkelstein sei bettelarm gestorben.

Emilie Kemnat

Man nannte sie «Die Königin der Wiener Taschendiebe». Als Schülerin schon erleichterte sie ihren Religionslehrer um seine Taschenuhr. Als Emilie Kemnat 1972 ihren 87. Geburtstag feierte, wurde zusammengerechnet, daß sie 55 Jahre, 9 Monate und 20 Tage in Gefängnissen zugebracht hatte.

Mit 84 Jahren noch stand sie wieder einmal vor dem Richter – und konnte es selbst dort nicht lassen: sie griff nach des Richters Brillenetui auf dem Tisch. «Lassen S' das liegen», schrie sie der Richter unter dem Gelächter der Zuhörer an. Sie habe nur demonstrieren wollen, wie sie ihren letzten Diebstahl begangen habe, versuchte sie sich herauszureden. Aber Emilie Kemnat konnte einfach nicht anders, selbst im Gefängnis hat sie Wärter und Mithäftlinge bestohlen.

Ein Taschendieb namens Angelillo

Vor einigen Jahren betrat ein gutgekleideter Mann die Hauptwache der Polizei von Barcelona, zeigte auf sein dort seit Jahren aushängendes Fahndungsfoto und sagte: «Das bin ich, Angelillo.»

Der Polizeibeamte Manuel Guererrahd staunte nicht schlecht über diesen unerwarteten Besuch des weißhaarigen alten Herrn, der darum bat, den Polizeichef selbst sprechen zu dürfen. Dem bekannte er: «Ich glaube, ich bin zu alt für diesen Job. Als ich in der letzten Woche in einer Straßenbahn arbeitete, habe ich gemerkt, daß meine Augen schlechter werden und mein Fingerspitzengefühl nachläßt.»

Von Honoré Daumier gezeichnet: Ein Taschendieb macht sich auf einer Pariser Straße an einen Provinzler heran, warnt ihn vor Taschendieben, und im selben Augenblick bestiehlt er ihn.

Der 72 jährige Taschendieb, im Milieu unter seinem «Künstlernamen» Angelillo bekannt und vielbewundert, gehörte zu der verschwindend kleinen Zahl von Langfingern, denen es gelungen war, leidlich unbemerkt zu bleiben und mit nur wenigen Strafen davonzukommen. Nur dreimal wurde er gefaßt, obschon man die Zahl seiner Zugriffe auf rund 100 000 schätzt.

Daß er einmal in einer vollbesetzten Straßenbahn sieben Brieftaschen stahl, brachte ihm die Bewunderung seiner katalanischen Zunftgenossen ein. Und das will in Barcelona, der Hochburg behender Zweifinger-Akrobaten, einiges heißen.

Aber nun war ihm die Last, ein Dieb zu sein, zu schwer. Er war zermürbt, wollte nicht mehr der immer nur Gejagte sein. Der Polizeichef von Barcelona war ehrlich über ihn erfreut: «Angelillo ist in seinem Fach so bedeutend, daß wir hoffen, während seiner Gefängniszeit viel über Taschendiebstahl von ihm zu lernen.»

Mabel Finch

eine stadtbekannte Londoner Taschendiebin, stand 1985 als 75 jährige ein allerletztes Mal vor dem Richter, nachdem man sie im edlen Kaufhaus Harrods beim Ziehen dreier Geldbörsen erwischt hatte. Mit Sechzehn war sie ins Geschäft eingestiegen, das ihr außer mancher Beute dreißig Verurteilungen mit zwanzig abgesessenen Jahren während ihrer 60 jährigen Karriere einbrachte.

Nachdem der Richter die 31. Verurteilung für die nur 1,40 Meter große Diebin ausgesprochen hatte, zwei Jahre Haft waren es, bekannte sie sich schuldig und sagte: «Aber damit ist es dann auch genug, ich höre auf, für immer, meine Finger sind ohnehin nicht mehr so geschickt wie früher. Ich bin immer ganz gut zu meinem Geld gekommen, aber jetzt bin ich wohl zu alt für dieses Gewerbe.»

Ein Pickpocket, genannt «Der Briefträger»

Einen stattlichen Dreispalter war es der *New York Times* 1980 wert, den Entschluß eines Top-Pickpockets der Vereinigten Staaten zu kommentieren, endlich mit seinem berühmten «light touch» in den Taschen seiner ahnungslosen Opfer Schluß zu machen. Seine Spezialität war, sich als Schuhputzer zu etablieren. Er kam seinen Kunden dadurch nahe, daß er ihnen beim Verlassen des Schuhputzstandes unter die Arme griff. Natürlich nicht nur unter die Arme.

Sein Geschick für das Gewerbe hatte er schon als Schüler im heimatlichen Indianapolis entdeckt. 1956 ging er nach New York. In seinem erfolgreichsten Jahr, so schätzt er, beliefen sich seine Einnahmen auf mehr als 80 000 Dollar, sein bester Tag brachte ihm 10 000 Dollar. Nach seiner 137. (!) Festnahme verbüßte er eine zehnmonatige Haftstrafe, während derer er einen Herzinfarkt erlitt – das ließ ihn den Entschluß fassen, redlich zu werden.

Dieser Pickpocket war einer von der sanften Art: nur keine Gewaltanwendung. Hatte er die gestohlenen Brieftaschen ausgeleert, dann warf er sie in den nächstbesten Briefkasten. Seine Opfer sollten alle ihre Papiere zurückerhalten, so wie es guter Brauch eines Gentleman-Pickpocket war. Daher sein Berufsname «The Mailman». Denn schaden wollte er schließlich niemandem.

Stanislaus Krasnik

Als Stanislaus Krasnik 1968 am Münchner Hauptbahnhof von Kriminalhauptmeister August Buchner festgenommen wurde, hatte er einem ahnungslosen Herrn gerade die Geldbörse aus der Gesäßtasche gezogen. Kurz zuvor war er in Luzern aus dem Gefängnis entlassen worden – die 27. Haftstrafe für den 63 jährigen. Vier Tage Freiheit für den Mann, der sich als «König der Taschendiebe» fühlte.

Zwei gefälschte Pässe, einige hundert Schweizer Franken, 250 Dollar, mehrere hunderttausend Lire fand die Polizei bei ihm. Als man ihn daraufhin zu vierzehn Monaten Gefängnis verurteilte, rief er in den Saal des Münchner Schöffengerichts: «Muß gewäsen sein total varrickt, von Luzern zu farren direkt nach Minchen!»

Dreizehn Jahre später. Seit 50 Jahren ist der aus Polen stammende Krasnik nun unterwegs. Sein Handwerk praktiziert er als Einzelgänger. Er führte das Leben eines wohlhabenden Privatiers. Die Nobelherbergen Europas waren sein Zuhause – wenn er nicht einsaß. Zwölf Decknamen stehen unterdessen bei Interpol auf dem Fahndungsblatt des nun 76 jährigen, darunter so wohlklingende wie Braqueter, Guttermann und Timothy McEnnis, dieser angeblich im irischen Galway gebürtig. Am Ostermontag 1982 entwendet er im Kölner Hauptbahnhof einer älteren Frau am Fahrkartenschalter dreißig Mark. Dabei ertappt, muß er wenig später in der Wache der Bahnpolizei seine Taschen entleeren. Der gestohlene Paß eines 83 jährigen Engländers kommt zum Vorschein. Und 10 000 Mark. Die hatte er mindestens immer dabei, wenn er hierzulande unterwegs war.

Midori Kobayashi

Als die 70 jährige Japanerin auf frischer Tat mitten in Tokio gefaßt wurde, sagte sie den Polizisten: «Ich konnte einfach nicht widerstehen, die Brieftasche war eine zu große Versuchung für mich.» Die gutgekleidete Frau mit einem Bankkonto von 188 888 Dollar wanderte nun wieder ins Gefängnis. Dreißig Jahre hatte sie schon eingesessen, zwanzig Verurteilungen hatten ihr das eingebracht. Ihr Zugriff galt vor allem der in Hand- und Einkaufstaschen von Frauen leicht erreichbaren Beute.

Unbekehrbar

«Nach meiner Ueberzeugung sind professionirte Taschendiebe die incorrigibelsten unter den Dieben. Der Grund liegt auf der Hand. Die Art des Diebstahls, welcher sie sich gewidmet, wird auf der Straße, im Gedränge, zu jeder Tageszeit, betrieben, und daher ihnen auch zu jeder Zeit die verführerische Gelegenheit zu diesem Verbrechen wieder geboten, während z.B. bei dem gewaltsamen Diebe, wenn er einmal den Vorsatz gefaßt hat, umzukehren, bei Weitem nicht so viele Antriebe zur Rückfälligkeit wirksam sind. Daher verfällt jeder Taschendieb aber auch früher oder später dem Gesetz, und daher sind in dieser Klasse zugleich die wenigsten Verbrecher anzutreffen, die nicht dem Publikum oder den Beamten bekannt sind.»

C.W.Zimmermann: Die Diebe
von Berlin. 1847

Tastversuche an der Klingelpuppe

Mit Gefängnis bis zu einem Jahr
werden Diebsleute bestraft, die
nichts dazulernen wollen.
Günter Bruno Fuchs

Machen wir uns mit den Bildungsstätten der heimlichen Zunft vertraut, in denen der Nachwuchs seine ersten Greifversuche unternimmt. Auch mit jenen Akademien, die einer elitären Minderheit das Rüstzeug vermitteln, weltweit bestehen zu können.

Mister Wotton's Diebesschule

Die erste verläßliche Nachricht über eine «Schule für die Unterrichtung und Perfektionierung von Beutelschneidern und Taschendieben» stammt aus dem Jahre 1585. Es war ein Mister Wotton, der in London am Smart's Quai, nahe Billingsgate, eine Schenke eröffnete, an die Räume angrenzten, in denen er vor allem Knaben zu perfekten Langfingern ausbildete. Er verwandte bereits eine Art Vorläufer jener Klingelpuppen, die später zum Training im Gebrauch waren: Wotton verband aufgehängte Taschen und Geldbeutel mit kleinen Glöckchen, deren Anschlag ein ungeschicktes Vorgehen, einen Fehl-Griff des Auszubildenden anzeige. Wer die in den Taschen befindlichen Spielmarken und eine Silbermünze aus dem Geldbeutel ohne jedes Geräusch herausfingern konnte, durfte als von Wotton anerkannter Pickpocket seine Fertigkeiten in den Straßen der englischen Metropole praktizieren.

Im spanischen Sevilla existierte wenig später eine Taschendiebsbande mit hervorragender Organisation. Anfänger und Spitzbuben aus anderen Städten wurden einem Meister der Zunft zugeführt, der ihnen nach entsprechender Ausbildung Reviere zuwies, in denen sie ohne Konkurrenz arbeiten konnten. Cervantes ließ sich von dieser Diebesschule zu seiner Novelle «Eklein und Schnittel» inspirieren.

Cartouche: Greifübungen am Mannequin

Als sich Louis Dominique Cartouche daran machte, 2000 Pariser Diebe in einer straffen Organisation zusammenzufassen, ordnete er für die Tireurs, die Langfinger unter ihnen, regelmäßige Übungsstunden an: zweimal im Monat trainierten sie an einem «Mannequin» in Lebensgröße, das mitten im Raum von der Decke hing. Keinerlei Bewegung durfte diese

Schon in frühester Jugend wird die Fingerfertigkeit geübt. Man muß früh anfangen, wenn man ein guter Taschendieb werden will. Es ist dasselbe wie beim Klavierspiel. Bereits mit sechs und sieben Jahren werden die Kinder von ihren Eltern abgerichtet. Der alta Papa Taschendieb, besorgt um die Zukunft seines Sohnes, gibt Unterricht. Man weiß, wie das gemacht wird. Am häuslichen Herd wird eine lebensgroße Puppe aufgehängt, die vollständig bekleidet ist und an deren Armen und Beinen kleine Glöckchen befestigt sind. Das Kind muß aus der Tasche des Mannequins die Börse stehlen, ohne daß eines der Glöckchen klingelt. Es dauert lange, bis das Kunststück gelingt. Viele Stunden Unterricht sind nötig und viele Ohrfeigen. Aber es ist auch eine große Genugtuung für das Vaterherz, wenn der Sohn endlich zu einem tüchtigen Komplizen ausgebildet ist.
Robert Heindl, 1926

40

Eine Schule für Taschendiebe in London

Puppe machen, wenn die Diebeshände sich in ihre Taschen senkten. Glöckchen waren auch hier mit im Spiel: war einer so ungeschickt, eines zum Klingen zu bringen, wurde er mit einem Hagelschauer von Schlägen gestraft. Schon als 17jähriger hatte Cartouche selbst zugegriffen, bei einem Deutschen zum Beispiel, der das von Richelieu gestiftete Portal an der Jesuitenkirche St. Paul bewunderte. All seine Genialität für das Unrecht konnte Cartouche nicht vor dem Henker bewahren. Am 28. November 1721 starb er unter dessen Händen «mit bewundernswürdigem Gleichmuthe».

Fagin's Diebesnest am Saffron Hill

Erinnern wir uns an das von Charles Dickens in seinem «Oliver Twist» dargestellte Diebesnest des Mister Fagin. Dieser Diebesmeister verzichtete auf Klingelpuppe und herniederhängenden Mantel. Er mimte selbst als lebendes Modell einen alten Herrn, der in den Straßen umherschlendert, besorgt um den Inhalt seiner Taschen und dennoch bestohlen wird. Seine jungen Schüler mußten alles, was er mit sich führte, unbemerkt entwenden: Schnupftabaksdose, Notizbuch, Uhr, Kette, Taschentuch und auch das Brillenfutteral. Fühlte er eine Hand in einer seiner Taschen, so gab er es durch einen Ausruf zu erkennen, worauf die Knaben erneut zum diebischen Spiel ansetzen mußten.

Die fiktive Beschreibung der Schule des Mr. Fagin hatte ihre reale Entsprechung in einer solchen Ausbildungsstätte, deren Existenz dem Autor bekannt war. Sie befand sich in einem Elendsquartier der Metropole, nicht weit entfernt vom Holborn Viaduct am Ende einer schmutzigen Gasse namens Saffron Hill. Wiederholt war der junge Charles Dickens dort in einer Schenke eingekehrt, von der man wußte, daß in den angrenzenden Räumen Knaben in der Kunst des Taschendiebstahls unterwiesen wurden. Was sich die Cockneys hier an den Schanktischen über den Diebesmeister und seine

*Was die Knaben in Fagin's Diebesnest gelernt hatten, praktizier-
ten sie in den Straßen von London: abgelenkt durch die Lektüre
der Bücher, war der alte Herr leicht zu bestehlen.
Eine Episode aus Charles Dickens' «Oliver Twist», gezeichnet
von George Cruikshank.*

jugendlichen Langfinger erzählten, hat den 25 jährigen Dickens zu den packenden Szenen im «Oliver Twist» inspiriert.

Wie es in einer Londoner Diebesschule tatsächlich zuging, darüber findet sich unter den Polizeireportagen der englischen Zeitschrift «The Household Narrative» ein aufschlußreicher Bericht. Im Prozeß gegen einen des Diebstahls angeklagten Pickpocket gab ein Polizist als Zeuge am 21. Januar 1851 zu Protokoll, was er durch ein Fenster beobachtet hatte:

«Ich sah den Angeklagten in einem Raum, in dem von einer Wand zur anderen eine Schnur gespannt war. An dieser Schnur war ein Mantel festgeknüpft, in dessen Taschen Schnupftücher steckten. Ein Dutzend kleiner Jungen umringten den Angeklagten, und der Reihe nach versuchte jeder von ihnen, eines der Taschentücher wegzunehmen, ohne daß Mantel oder Schnur sich bewegten. Wem das zur Zufriedenheit des Angeklagten gelang, wurde von ihm gelobt. Wer sich jedoch derart ungeschickt anstellte, daß er mit Sicherheit gefaßt worden wäre, wenn der Diebstahl draußen auf der Straße stattgefunden hätte, der wurde vom Angeklagten erbarmungslos verprügelt. Im vorliegenden Fall hat der Angeklagte zwei Jungen niedergeschlagen und getreten, weil sie beim Ziehen des Taschentuches nicht einfallsreich und feinfühlig genug vorgegangen waren.»

Eine Hochkonjunktur erlebten derartige Bildungsstätten für zukünftige Diebe um die Jahrhundertwende. Den Akten von Scotland Yard ist zu entnehmen, daß es seinen Beamten gelang, innerhalb von sieben Monaten fünfzehn von ihnen auszuheben, darunter auch die Schule von Bethnal Green. Die meist jugendlichen Diebe spezialisierten sich hier darauf, die Handtaschen von Damen auszuräumen, was sie in den verschiedenen Klassenräumen an lebenden Modellen ausprobieren konnten.

Das Institut der Madam Mandelbaum

Nicht weit entfernt vom Börsen- und Bankenviertel der New Yorker Wallstreet befand sich zwischen 1870 und 1900 in der Grand Street das einzigartige Institut der Madam Mandelbaum. Sie leitete es mit missionarischem Eifer. Der Lehrkörper ihrer Hochschule des Verbrechens bestand aus erfahrenen Ganoven, vor allem aus solchen, die eine Zeitlang untertauchen mußten. Für Einstieg- und auch für Taschendiebe hatte sie die allerbesten Lehrkräfte engagiert. Madam Mandelbaum war derart nobel, daß sie allen Kursteilnehmern die Studiengelder zurückerstattete, wenn sie bei Ausbildungsende die Schliche und Tricks nicht bis zur Meisterschaft erlernt hatten.

Die Zöglinge der Madrider Akademie: ehrenwert und wohlerzogen

Unauffällig, höflich und korrekt möchte Serenin, der Champion der Madrider Akademie, seine Schüler wissen. Serenin nahm nie mehr als zwölf Zöglinge in seine Schule für Taschendiebe in der Calle del Oso auf. Die Knaben wurden ein volles Jahr lang mit allen Schlichen des Handwerks vertraut gemacht und dann einer strengen Prüfung unterzogen. In seiner Geschichte «Der Aufstieg der Taschendiebschule von Madrid» zitiert Juan Antonio de Zunzunegui des Meisters Serenin Ansprache an seine Schüler vor deren erstem Einsatz:
«Wenn die Operation zu einem glücklichen Ende gebracht wurde, kommen die Herren, die sie durchgeführt haben, zwei oder drei, zusammen, wenn möglich bei ein paar Gläsern Wein, leeren die Brieftasche und teilen die Beute. Ich lege euch nahe, bei euren Aktionen möglichst korrekt und höflich vorzugehen. Jemand hat von uns gesagt, wir Diebe seien ehrenhafte Leute; ich möchte hinzufügen, daß dies nicht genügt; wir müs-

sen außerdem noch wohlerzogene, verständnisvolle und korrekte Menschen sein; und deshalb empfehle ich euch, daß ihr, sobald ihr das Geld herausgenommen habt, die Brieftasche mit allen Papieren dem Eigentümer zurückerstattet, ohne etwas zu beschädigen. Das war von jeher mein Brauch. Natürlich ist dies nur möglich, wenn man in der Tasche die Adresse des Opfers findet. Wenn nicht, läßt sich nichts machen...

Der vollkommene Dieb darf niemals unnötigen Schaden zufügen. Das zurückgeben, was wir nicht gebrauchen können, ist elegant. Darum sendet, sooft ihr könnt, die Brieftasche zurück, aber natürlich ohne die Geldscheine.»

Die Elite kam aus Lemberg

Ältere Kriminalisten sind sich darin einig, daß die in Europa am meisten gefürchteten und am besten geschulten Taschendiebe in der ersten Hälfte unseres Jahrhunderts aus Polen kamen. Das war vor allem der konkurrenzlosen Diebesschule von Lemberg zuzuschreiben.

Bemerkenswert, daß die Schüler dieser Bildungsstätte ähnlich wie die Zunftgenossen von Cartouche an einer von der Decke hängenden Puppe ausgebildet wurden.

Lemberg entließ nur Absolventen, die ohne jede Gewaltanwendung allein mit der Kunstfertigkeit ihrer Hand zum Zuge kamen. Daß man von «Gentleman-Taschendieben» sprechen konnte, ist wesentlich den dort gelehrten Prinzipien zuzuschreiben.

Die Solisten unter ihnen, jene, die also nicht im Team arbeiteten, hatten raffinierte Techniken entwickelt, sich des Diebesgutes nach erfolgter Festnahme vorübergehend zu entledigen: indem sie es in die Taschen von Tatzeugen oder sogar Polizisten gleiten ließen oder es bei einem absichtlich herbeigeführten Sturz in ein Blumenbeet oder in das Erdreich eines Parks eindrückten.

Die Auserwählten der Schule von Valladolid

«Die beste und geistvollste Schule spanischer Taschendiebe erblühte zwischen den Kriegen in Valladolid. Wer ihr angehörte, schien mit Händen geboren, die die Brieftaschen nicht stahlen, sondern geradezu aufschlürften. Es gab eine Zeit, da die Männer von Valladolid beim Gehen die Hand auf der Brust hielten, wie jener Ritter, den El Greco gemalt hat, aber das half nichts. Die Brieftaschen entschwanden auf romantische Art und in anmutigen Parabeln.»

Juan Antonio de Zunzunegui

Intensivkurse in Mexiko

Anfang der fünfziger Jahre wurde von der Polizei in Mexiko-City eine Hochschule für Taschendiebe ausgehoben. Ihr Leiter war ein altgedienter Spezialist des Metiers. Erst nach Monaten des intensiven Erlernens aller Schliche wurden seine Eleven auf die Menschen losgelassen. Sie fühlten sich mit Recht als Angehörige einer Elite. Einer der in Ausbildung befindlichen Schüler hatte es zu solcher Meisterschaft gebracht, daß er seinem «Director» bei der Abschlußprüfung Brieftasche und Uhr entwendete, ohne daß es von diesem bemerkt wurde.

Bogotá – die Schule der 10 Glöckchen

Nordamerikanische Großstädte erlebten in den sechziger Jahren eine Invasion von hervorragend ausgebildeten Taschendieben aus Südamerika, deren Spur nach Bogotá führte. Dort pflegte ein professioneller Langfinger seinen Ruhestand auf die ihm angemessene Weise, indem er dem talentierten

*Übung macht den Meister: Seit Jahrhunderten ist die Klingel-
puppe beliebtes Requisit zur Ausbildung jugendlicher Diebe.
Druckgraphik nach dem Gemälde von Ernst Bosch, das er «Die
Taschendiebakademie» nannte.*

Nachwuchs die Finessen des Zugriffs beibrachte. Ein Kurs in
seiner «Schule der 10 Glöckchen» kostete damals 3000 Dollar
an Gebühren, die keinem der Absolventen zu viel erschienen.

Die Graduierten dieser Akademie machten das Unmögliche möglich: Sie beherrschten außer allen herkömmlichen
Tricks auch den Diebstahl am sitzenden Opfer in Bus und
Bahn. Das war bisher noch nicht dagewesen. Selbst für die
Routiniers aus der New Yorker Unterwelt grenzte dies an
wirkliche Zauberei. Ihr Urteil über die Konkurrenz aus Südamerika schwankte zwischen Bewunderung und Ablehnung.

Außerdem sahen die etablierten Langfinger ihr herkömmlich betriebenes Gewerbe durch allzuviel Publizität gefährdet.

Weltweit: Man kümmert sich um den Nachwuchs

Oliver Twists fabulöser Lehrmeister Fagin hat auch heute Nachfolger in aller Welt, die in geheimen Privatschulen lehren, wie man bestehlenswerte Opfer ausmacht, sich ihnen unverdächtig nähert und sie feinfühlig ausnimmt. Ertappte Taschendiebe nennen bei der Vernehmung schon mal, dazu mit einigem Stolz, entsprechende Bildungsstätten. Meldungen über das Auffliegen derartiger «Akademien» trösten nicht darüber hinweg, daß andere weiterbestehen oder neu eröffnet werden, in Neapel und Sevilla, Famagusta und vor allem in Paris. Die Polizei der französischen Metropole vermutet in ihrer Unterwelt derzeit ein Dutzend Ausbildungsstätten, in denen vor allem Kinder und Jugendliche ihr Training erhalten.

Hunderte vom Balkan stammende Kinder wurden in den vergangenen Jahren auf Sizilien in zweimonatigen Intensivkursen zu Einsteig-, Taschen- und Ladendieben ausgebildet. Zwischen den Eltern und den Leitern jener Unterrichtsstätte soll es «Leasing-Verträge» gegeben haben. Diese Kinder sind als «Diebe auf Zeit» in den europäischen Großstädten und Touristenzentren im Einsatz.

Manches deutet darauf hin, daß Lernwillige in den vergangenen Jahren in oder bei Sarajewo ihr berufliches Rüstzeug erworben haben. Unfehlbar sind die Absolventen dieser Bildungsstätte nicht, wie Festnahmen auf zentraleuropäischen Schauplätzen zeigten. Ganz sicher leben dort einige Menschen mit großem Talent für dieses Gewerbe. Den Beweis lieferte die Polizei von Sarajewo selbst: Als es auf die Olympischen Winterspiele von 1984 zuging, setzte man rechtzeitig vorher alle dort ansässigen bekannten Taschendiebe fest, um die Sicherheit der Besucher nicht zu gefährden.

Erfolgsprinzip Ablenkung

*Man denke sich, die Diebe hätten
eine Weise des Stehlens entdeckt,
die es zur Unmöglichkeit machte,
den Täter zu entdecken: welche
Freude unter den Dieben!*
Sören Kierkegaard

Alle Taschendiebe lenken die Aufmerksamkeit ihrer Opfer
ab, das ist ihr eigentliches Erfolgsgeheimnis. Ohne Ablenkung ist für Fingerkünstler nichts zu holen.

Deshalb geben sie sich dort ein Stelldichein, wo der Mensch
in der Masse auftritt, wo ihn eine ungewöhnliche Attraktion
fesselt: bei Sportereignissen und auf Kirchentagen, in Mes-
sehallen und auf Großstadtbahnhöfen, beim Straßenkarne-
val, auf Kunst- und Trödelmärkten und vor allem in den Ur-
laubszentren. Hier werden die eigentlichen Schlachten der
Umverteilung geschlagen.

Derartige Anlässe brauchen Langfinger nur für ihr Vorha-
ben auszunutzen. Sie sind ihnen am willkommensten, weil sie
selbst nichts für die Ablenkung tun müssen.

Bieten günstige Gelegenheiten dieser Art sich nicht an, sorgen die einfallsreichen Taschendiebe mit speziellen Arrange-
ments für die nötige Ablenkung ihrer Opfer. Erst wenn es zu
spät ist, durchschauen die Betroffenen die Intention derer, die
nicht so harmlos waren, wie sie sich gaben.

Rempler – Zieher – Abdecker: Die Arbeit im Dreierteam

Nach altbewährter Regel arbeiten Taschendiebe zumeist mit verteilten Rollen im Dreierteam. Auch wenn sie hierbei die Beute teilen müssen, zahlt sich dieses Vorgehen aus. Dem Taschendieb, auch «Hai» genannt, wird der Zugriff wesentlich erleichtert, das Wegschaffen der Beute bildet kein Problem.

Die Aufgabe des «Remplers» ist es, das Opfer abzulenken und die Aktion einzuleiten, die es dem «Zieher» ermöglicht, mit dem scheremachenden Hand-Griff zu stehlen. Der «Abdecker» schirmt diesen Vorgang «wandmachend» gegen die Blicke von Passanten ab, übernimmt sogleich die ihm vom «Zieher» heimlich zugesteckte Beute, mit der er «davonfliegt», also das Weite sucht. Weshalb man ihn auch als «Raben» bezeichnet.

Wichtig ist hierbei die Rolle des «Remplers». Er versteht sich auf weit mehr als den «versehentlichen Aufprall» und das künstlich erzeugte Gedränge. Unerschöpflich sein Repertoire, mit dem er die Aufmerksamkeit des anvisierten Opfers in die falsche Richtung lenkt: er spielt als zusammenbrechender Epileptiker oder als Blinder die Mitleidsmasche durch, mimt schon mal selbst den eben Bestohlenen, läßt auch gelegentlich eine Fensterscheibe zu Bruch gehen oder bedient sich des perfiden Beschmutzungstricks, indem er den Betroffenen verunreinigt.

Immer jedenfalls ist die Szene so arrangiert, daß sich das Opfer später im besten Fall an einen der beiden Komplizen erinnert, aber nie an den «Zieher», dem die gewährte «Nebeldeckung» die heimliche Arbeit ermöglichte.

«Einer rempelt, der andere klaut, der Dritte verschwindet mit der Beute» – seit 200 Jahren hat sich nichts daran geändert.

Taschendiebe, im Team arbeitend. Auf ein nur dem Eingeweih-
ten bekanntes Zeichen drängt sich die ganze Bande um den
Mann herum. Die Gehilfen der <Main> pressen und stoßen nun
das Opfer mit einem Reisekoffer oder einer Reisetasche, die sie in
der Hand tragen, um dadurch den Anschein zu erwecken, als ob
sie harmlose Provinzler oder Geschäftsreisende wären, die sich
gerade auf dem Wege von dem einen Bahnhof zum anderen befinden. In einem wunderbar scharf abgepaßten Augenblicke
streift die <Main> an dem zu Beraubenden vorbei und erfaßt
mit einem kühnen Griffe die Brieftasche, die sie bis an den Rand
der Rocktasche bringt und sie dann mit einer leichten, schaukeln-
den Bewegung ganz herauszieht.

Eugen Villiod, Leipzig 1906

Schaut, das ist meine Tagesbeute

Frankreich, um 1700: Das grausige Schauspiel der Hinrichtung eines Taschendiebs lockte immer auch die Zunftgenossen an. Denn der Vollzug der Todesstrafe war für ihre Absichten die allerbeste Form der Ablenkung. Die Tireurs, die Zieher, zitieren die Brüder Verdure als Berühmtheiten ihres unseligen Berufsstandes. Es waren Italiener, von denen der ältere als Mitglied einer Diebesbande überführt und zum Tode verurteilt worden war. Der jüngere wollte dem Schauspiel beiwohnen, um seinen Bruder noch ein letztes Mal lebend zu sehen. Und während man dem Verurteilten den Kopf vom Rumpfe trennte, stahl der Bruder in der gaffenden Menge vier Uhren und eine Geldbörse. In der Schenke erwarteten ihn anschließend seine Kumpanen: «Schaut», sagte er, «das ist meine Tagesbeute», und breitete alles auf dem Tisch aus. «Ist das nicht ein guter Fang? Nur schade, daß mein Bruder nicht da ist, um seinen Teil davon abzubekommen.»

Ein Dieb wurde kurz vor seinem Tode gefragt, was er von der künftigen Welt halte. «Nicht viel», erwiderte er, «denn da niemand etwas dahin mitnehmen kann, so wird dort wenig für mich zu tun sein.»

Die Höhle der großen Diebe lädt Sie ein

Bisher hatte Dr. Philippe Curtius in seinem Wachsfigurenkabinett im Palais Royal nur die Berühmtheiten der Geschichte gezeigt, in lebensechten Tableaux wie «Der Hof bei Tafel» und «Der Tod der Cleopatra». Aber in den Jahren vor der französischen Revolution spürte Curtius, daß er nun mehr bieten mußte. «Geld oder Leben» war die Devise jener Tage, in denen Reisekutschen überfallen und ihre Insassen ausgeraubt, wenn nicht ermordet wurden. Moritaten hatten längst schon die Verbrechen der Räuberhauptleute und Massenmörder in ihr Repertoire aufgenommen. So ließ sich Curtius 1783 für sein neueröffnetes Kabinett am Boulevard du Temple eine Schreckenskammer einfallen. Mit dem zugkräftigen Slogan: «Die Höhle der Großen Diebe lädt Sie ein» machte er auf diese Attraktion aufmerksam. Und tatsächlich eilte «Le tout Paris» herbei, um sich im Handumdrehen eine Gänsehaut zu holen. Arnold de Staël schildert in seiner Lebensgeschichte der Schweizerin Marie Tussaud, der Nichte des Dr. Curtius, die «Diebeshöhle» ihres Onkels:

«... auch das Diebesgesindel aus den Vorstädten strömt herbei, um die arrivierten ‹Berufskollegen› zu bewundern und manch geschwinder Taschendieb praktiziert gleich an Ort und Stelle seine Kunst. Und die Bestohlenen merken meist gar nichts von ihrem Verlust, so versunken sind sie in den Anblick der großen Missetäter mit wirrem Haar, das Messer drohend erhoben, die Pistole im Anschlag ... Wahrhaftig, den Doktor Curtius sollten die Langfinger zum Schutzpatron ihrer Profession ernennen! Lange haben sie nirgends so erfolgreich arbeiten können, wie im schützenden Halbdunkel seiner Ausstellung.»

Vielversprechender Anlaß

10. März 1863: Der Prince of Wales, späterer König Eduard VII., heiratet in der St. Georges Chapel auf Schloß Windsor Prinzessin Alexandra von Dänemark. Nach dem Fest steigen die erlauchten Hochzeitsgäste in den Sonderzug, der sie von Windsor zurück nach London bringt. Ein nie entdeckter Pickpocket nimmt die einmalige Chance wahr und stiehlt beim Gedränge auf dem Bahnsteig dem portugiesischen Gesandten einen unschätzbaren Diamanten.

Natürlich denkt an einem solchen Tag niemand daran, daß ihm der Griff eines Taschendiebes gelten könnte. Ein Jahr zu-

vor hatte William Frith sein eben vollendetes Monumental-
gemälde «The Railway Station» in einer Galerie am Hay-
market der Öffentlichkeit präsentiert. 83 000 Besucher haben
dort die lebendig dargestellte Szenerie der Paddington Station
wohlgefällig in Augenschein genommen und vielleicht sogar
in der rechten Bildhälfte die beiden stadtbekannten Detektive
Haydon und Brett erkannt, wie sie eben einen ertappten Dieb
in Gewahrsam nehmen.

Als Frith ihnen seine Anerkennung für vorbildliches Mo-
dellstehen aussprach, winkten die beiden ab: stundenlanges,
geduldiges Ausharren seien sie ohnehin gewohnt, wenn es
darum gehe, einen Dieb auf frischer Tat zu stellen.

Stelldichein zur Weltausstellung

Taschendiebe in nie zuvor gekannter Zahl stellten sich im
Jahre 1900 in der französischen Metropole ein, um ihre munteren Finger in Erwartung großer Beute wohlhabenden Besuchern der Weltausstellung in die Taschen zu stecken. Ständige
Warnungen in den Journalen und auf Hinweisschildern halfen kaum. Die Attraktionen des babylonischen Spektakels
sorgten für die im Gewerbe nützliche Ablenkung.

Die meisten der Langfinger kamen aus England. Eine Zen-
tralorganisation hatte sie über den Kanal geschickt. Mit reicher Beute kamen sie zurück auf die Insel, auf der sie dem Zugriff der französischen Polizei entzogen waren.

Georgiu Manulescu, der berüchtigtste Hochstapler, Hotel-
und Juwelendieb jener Zeit, kommentierte die desolate Situation der französischen Gesetzeshüter: «Nichts ist leichter, als
der Polizei zu entkommen, sogar wenn man auf frischer Tat
ertappt wurde. Man steigt ganz einfach in einen Wagen, und
der arme *Agent de police* kann nicht hinterherfahren, weil das
Diebstahldezernat der Préfecture seinen Mitarbeitern nicht
erlaubt, derartige Spesen abzurechnen.»

Gaunerstück mit Baby

London, 1908. In das 1.-Klasse-Abteil eines Zuges in Richtung Cristal Palace steigt eine vornehme Dame in Trauerkleidung ein, mit einem ganz in Spitzen gehüllten Säugling auf dem Arm. Dem einzigen im Abteil sitzenden Herrn erzählt sie aufgeregt, sie habe vor der Abfahrt auf dem Bahnhof ihr Kindermädchen aus den Augen verloren.

Kurz vor der nächsten Zwischenstation bittet sie ihn, er möge ihr Baby einen Moment halten, sie wolle den Zug abgehen und das Mädchen suchen. Bereitwillig läßt sich der freundliche Herr das Baby in seine Arme betten. Als der Zug sich wieder in Bewegung setzt, ruft ihm die herbeieilende Dame von draußen durchs Abteilfenster noch zu: «Übergeben Sie das Kind auf der nächsten Station meinem Mädchen!»

Irritiert betrachtet der hilfsbereite Herr den Säugling in seinen Armen. Er schiebt den zarten Spitzenschleier behutsam ein wenig beiseite – und muß feststellen, daß ihm eine Puppe anvertraut wurde. Ein schlechter Tausch für ihn, denn ein ansehnlicher Geldbetrag und seine goldene Taschenuhr mit Kette sind verschwunden.

Wenn der Papst die Koffer packt, rüsten auch die Diebe zur Reise

Wo immer Papst Johannes Paul II. erscheint, ob in Rio oder Kevelaer, er hat die Taschendiebe in seinem Gefolge. Niemand wie er gibt unter den Persönlichkeiten des öffentlichen Lebens eine derart ideale Form der Ablenkung. Denn in seiner Gegenwart denken Fromme wie Schaulustige nicht an jene, die derweil das siebte Gebot mißachten. Vor allem heften sich jene an seine Fersen, die als fragwürdige Berühmtheiten unter der Rubrik «Internationale Trickdiebe» in der Kartei von Interpol aufgelistet sind – mit Foto und biographischen Angaben.

Einer, der sich ihre Beschreibungen gut eingeprägt hatte, Karl-Heinz Aderhold, Taschendiebfahnder der Kölner Bahnpolizei, nahm anläßlich des Papstbesuches in Köln 1980 kurz hintereinander sieben von ihnen fest, sechs Chilenen und einen eleganten Spanier. Mit dem Flugzeug waren sie nach Rom und Mailand gereist, von dort ging es per Bahn nach Köln. Fast alle hatten sie Plastikbeutel in den Händen, mit alten Zeitungen gefüllt. Damit rempelten sie die Menschen an und griffen dabei in die Hand- und Manteltaschen – fast ein wenig zu herkömmlich für die Mitglieder der internationalen Garde. Mengen von Dollars, Deutscher Mark und Holländischen Gulden fand man bei ihnen, einer hatte den Reiseplan des Papstes bei sich in der Tasche.

Aus der unwiderstehlichen Anziehung, die die Gegenwart des Heiligen Vaters auf die unheilige Zunft ausübt, zog die römische Polizei ihre eigenen Konsequenzen: Zu Ostern hatten sich während des Papstsegens auf dem Petersplatz römische Polizisten in stattlicher Zahl, zivil gekleidet, unter die 150000 Gläubigen gemischt und dabei vierzehn Langfinger in flagranti ertappt.

Diebe machen sich die Gelegenheit

Chicago: Wie ein Fakir hockt der bärtige Mann im Elmwood Park auf dem Rasen. Er schiebt sich lange Nadeln durch Wangen und Oberarm. Immer mehr Schaulustige stellen sich ein, bewundern diesen Mann, der offenbar unempfindlich gegen Schmerzen ist. Nach dieser Demonstration fehlte einer stattlichen Anzahl der faszinierten Zuschauer die Brieftasche. Sie waren auf «Pin-Cuchsion-Mike» hereingefallen, der durch seine Schau die Menschen fesselte, während sein Bruder lange Finger machte.

CHAVAL

Chaval: Teilhaber zu Lande und in der Luft

Nordafrika, Kairo vor allem: Bogen mit Briefmarken zu Spottpreisen halten Straßenhändler vor das Gesicht der Touristen. Ihre Hände befinden sich dabei in Höhe der oberen äußeren Anzugtasche. Sie ergreifen, was drin ist: Brille, Schreibwerkzeuge. Im schlimmsten Fall reicht die Deckung zum Entwenden der Brieftasche.

Die Masche des «Billigen Jakob»: Immer ist ein Verkaufsstand von Menschen umlagert, wenn Waren preisgünstig angeboten werden. Besonders dann, wenn der Händler witzig und wortreich sein Publikum zu packen versteht. Wie nebenbei warnt er zwischendurch die Kauflustigen, auf ihre Geldbörsen achtzugeben. Er fordert sie gar auf, sicherheitshalber wegen des Gedränges eine Hand fest auf die entsprechende Tasche zu legen. Welch eine Offenbarung ist das für die beutehungrigen Komplizen des Mannes, wissen sie doch nun, wo das Geld sitzt. In Kansas City waren zu Ramschpreisen verschleuderte Krawatten das Lockmittel. Alles andere kann für diese List herhalten, auch hierzulande.

In Düsseldorf und Köln, München und Hamburg: Überall dort, wo es am Abend gemütlich zugeht, wird das ahnungslose Opfer von einem meist leutseligen, immer aber kräftigen Mann angesprochen. «Du, ich kann ziemlich genau schätzen, wie schwer Du bist, laß Dich mal anheben!» Während dieser Hebeprozedur geschieht die klammheimliche Übernahme des Geldes spielend leicht.

In Hamburg haben zwei Trickdiebe diese Geschichte vereinfacht. Sie verzichten auf das Schätzen und fragen direkt: «Wie schwer bist du?» Antwortet der so Angesprochene «73 Kilo», so hebt ihn einer von beiden hoch und kalauert: «Stimmt!» Ihr Übungsziel erreichen sie auch hiermit.

Wie sehr hatte doch Ben Akiba recht mit seinem «Es ist alles schon dagewesen». Ein ähnlicher Trick, nur weit geschickter inszeniert, war um 1930 schon auf amerikanischen Vergnügungsplätzen im Schwange. Eingeladen, auf einem

«Wiege-Stuhl» Platz zu nehmen, wurde das Opfer sanft von einem Schausteller, sprich: Komplizen des Pickpockets, an den Armen, Schenkeln, Hüften und Brustkorb berührt, um das Gewicht schätzen zu können. Der dabei ertastete Sitz der Brieftasche wurde dem eigentlichen Langfinger für die spätere Tat im Gedränge des Fairgrounds durch ein unauffälliges Handzeichen übermittelt.

Marrakesch: Einheimische Taschendiebe lassen ein niedliches kleines Äffchen auf einen Touristen springen, in den Souks und auf dem riesigen Djemma el Fna, dem Platz der Gaukler, Schlangenbeschwörer und Märchenerzähler. Nehmen sie das Äffchen behutsam wieder an sich, lassen sie gleich noch etwas anderes mitgehen.

Blickfang Pinky

Chicago – Unterirdisch: Niemand kennt den wirklichen Namen der attraktiven jungen Dame, die sich dem Zugriff der Gesetzeshüter stets zu entziehen weiß. Für die Polizisten ist sie schlicht «Pinky». Sie arbeitet in der Chicagoer U-Bahn. Man nimmt an, daß ihr drei schnellfingerige junge Männer zur Hand gehen, Pinky aber ist zweifellos der Star des Quartetts. Sie selbst stiehlt nie, sie zieht eine Schau ab, mit der sie die meist männlichen Opfer abzulenken versteht.

Ihre effektvollen Auftritte hat sie auf dem U-Bahnsteig oder auch in der Bahn selbst, kurz vor dem Einlaufen in eine Station. An solchen Orten passiert es Pinky immer wieder mal, daß ihre Geldbörse oder einige Einkaufspäckchen, die sie dabei hat, zu Boden fallen. Natürlich muß Pinky sich bücken, um ihre Habseligkeiten wieder einzusammeln.

Für die Umstehenden ist dies äußerst sehenswert, denn Pinky trägt einen recht knapp sitzenden Minirock und darunter trägt sie – nichts. Während Pinky die zu Boden gegangenen Dinge aufhebt, hört man aus den männlichen Kehlen

Ohne Ablenkung ist für Taschendiebe nichts zu holen.

Laute wie «Wow», «Heiliger Strohsack», «Mmm» oder andere Ausrufe fassungsloser Bewunderung. Das sind die Augenblicke, in denen sich die Hände der drei männlichen Pickpockets der Brieftaschen und Geldbörsen bemächtigen.

Ein mit Pinky's Praktiken wohlvertrauter Polizist gibt den
guten Rat: «Halten Sie zuerst ihre Brieftasche fest, wenn sich
das Mädchen in Szene setzt, danach können Sie schauen, soviel Sie wollen!»

Reisende in Neapel: Die sanfte Erpressung

Eines von vielen Vorkommnissen, die zeigen, daß alle gutge-
meinten Warnungen gerade in dem Augenblick vergessen werden, in dem sich die Diebeshände zum Beutegriff ausstrecken:

Eine deutsche Reisegruppe bei kurzem Aufenthalt in Neapel. Wie zufällig gesellen sich nette junge Leute zu ihnen. Man
spricht miteinander auf der kurzen Strecke gemeinsamen
Weges in Richtung Hafen, wo die Kreuzfahrt beginnen soll.
Schließlich verliert man sich aus den Augen.

Wenig später kommen einige aus dieser kleinen Schar auf
die Touristen zu, mit Brieftaschen, Geldbörsen und Reise-
papieren in den Händen: «Die haben wir eben gefunden,
gehören sie vielleicht Ihnen . . .?» Natürlich, sie gehören den
Reisenden, die nun gar nichts Besseres tun können, als sich
mit einem angemessenen Obolus wieder in den Besitz ihres
Eigentums zu bringen.

Etwas wie Bewunderung für die Geschicklichkeit der jungen Neapolitaner war schon herauszuhören, als ein beteilig-
tes betroffenes Ehepaar davon berichtete: «Nie kam uns in
den Sinn, daß wir ausgerechnet von denen hätten bestohlen
werden können. Sie machten einen vorzüglichen Eindruck,
sprachgewandt waren sie, adrett gekleidet – und so liebenswürdig. Und dabei hatte uns doch der Flugkapitän noch
während des Anflugs auf Neapel vor den besonderen Fertig-

keiten der Taschendiebe gewarnt. Auch hat er uns eigens darauf hingewiesen, daß sie sich zwischen Flugplatz und Hafen an die Fersen der Touristen heften.»

Bankkunden

Steuern drei Taschendiebe ein Kreditinstitut an, dann treibt sie das Verlangen nach einer prallgefüllten Brieftasche. Nur einer von ihnen geht in die Kassenhalle. Diskret observiert dieser Neugierige die Bankkunden, bis er einen entdeckt, der einen stattlichen Betrag abhebt und zu sich steckt. Opfer und Sitz des Geldes signalisiert er den draußen wartenden Kollegen. Die beschatten den Mann mit ausdauernder Geduld, bis der «Zieher» den heimlichen Griff wagen kann. Viele arglose Rentner wurden in den vergangenen Jahren auf diese Weise um ihr erspartes Geld gebracht.

Derartige Diebstähle gibt es, solange sich die Banken um die Vermehrung des Kapitals ihrer Kunden bemühen. Nur die spektakulären Fälle gelangen in die Medien. 1923 gelang es einem Pickpocket, einem Börsenmakler vor einem New Yorker Bankhaus 90 000 Dollar zu entwenden. Diese Summe blieb ein halbes Jahrhundert hindurch Taschendieb-Rekord.

Mühelos glückte in Wien einem rumänischen Team der Zugriff in einer Bank dadurch, daß der «Rempler» die Rolle eines Epileptikers spielte, der einen Anfall erlitt. Das Mitleid derer, die ihm zu Hilfe eilten, erlaubte den Komplizen die unbarmherzige Ausplünderung.

Auf einen Schlag erbeutete ein Familienteam im Vorraum einer Bank in Bern 200 000 Schweizer Franken. Hier war der Vater der «Zieher», während der Sohn einen Mann mimte, der Münzgeld verloren hatte. Dabei fesselte er die schaulustigen Zeugen seines auffälligen Suchens derart, daß sein Vater leichtes Spiel hatte.

In Memphis, USA, hatte ein Bankkunde den abgehobenen

Dollarbetrag nur wenige Minuten in seiner Tasche. Er wurde von einem Dieb bestohlen, der sich zu ihm in die Drehtür der Bank zwängte.

Anatomie eines Diebstahls

Ein 65 Jahre alter Rentner wurde in einer Düsseldorfer Einkaufspassage von einem taubstummen Mann angerempelt, der sich gebärdenreich für seine Ungeschicklichkeit entschuldigte. Wenig später vermißte der Angerempelte seine mit 23 000 Mark gefüllte Brieftasche. Diesen stattlichen Betrag hatte er sich kurz zuvor in einer Bank auszahlen lassen.

Der Rentner war einem Taschendieb begegnet, der alle Schliche seiner Zunft kannte und sie perfekt anwendete. Nichts blieb dem Zufall überlassen: Die Auswahl des Opfers in der Bank, die Beschattung des Rentners in der Düsseldorfer Innenstadt solange, bis die belebte Passage die Aktion der Anrempelung ganz natürlich motivierte, wobei der Zugriff des vermeintlich Taubstummen völlig unauffällig geschehen konnte. Denn einem solchen Menschen begegnet man eher mitleidig als vorwurfsvoll. Böses jedenfalls traut man ihm nicht zu.

In seinem «Handwörterbuch der Kriminologie» faßt Professor Rudolf Sieverts den Geschehensablauf eines jeden Diebstahls unter diesen Stichworten so zusammen:

Erkundung von Opfer und zu erwartender Beute
Überwindung der räumlichen Distanz
zwischen Dieb und Opfer
Überwindung der Zone der Wachsamkeit
Der eigentliche Stehlakt
Der Verbleib der Beute

Nach diesem Programmschema verliefen auch Überlistung und Bestehlen des Rentners in Düsseldorf; der Taschendieb wurde nicht gefaßt.

Annäherung ans auserwählte Opfer

Achte auf die Hände derer, die sich freuen, dich kennenzulernen. Vielleicht haben sie sie schon in deinen Taschen.

Arabische Weisheit

Wenn ein Taschendieb aus seiner schattenhaften Existenz heraustritt, wenn er auf einen Menschen zugeht und sich ihm zeigt, dann gehört auch das noch in sein Repertoire zur Überlistung des Ahnungslosen: Er bittet einen Passanten um Feuer, er täuscht eine Ohnmacht vor, er hält ihm einen Geldschein hin mit der Bitte, ihn zu wechseln – immer ist er schamlos genug, die Hilfsbereitschaft des Angesprochenen mit dem hinterhältigen Griff zu quittieren.

Will man sich vor den allgegenwärtigen langfingerigen Zeitgenossen schützen, sollte man die gängigen Tricks kennen, mit denen sie sich ihrem auserwählten Opfer unverdächtig anzunähern versuchen. Es ist jene Phase des Diebstahls, die der Kriminologe als die Überwindung der räumlichen Distanz zwischen Dieb und Opfer bezeichnet.

So alt wie primitiv: Die Karambolage

Der Taschendieb läuft in sein Opfer hinein, prallt auf, tritt ihm vielleicht auch noch auf den Schuh. Dabei läßt er seiner Hand freien Lauf, in der Tasche des Betroffenen fündig zu werden. Dieser hat alle Mühe, sein Gleichgewicht wiederzu-

«Verzeihung, mein Herr... können Sie mir den direkten Weg
zur Börse zeigen?» «Aber sicher, mein Herr, mit großem Vergnügen... kommen Sie bitte etwas näher... wir halten uns links
und gehen dort entlang, und schon ist die Börse da... gerade-
wegs an meiner Fingerspitze!»
Französische Karikatur, 1845

finden. Die Attacke erfolgt derart überraschend, daß die einzig richtige Reaktion fast immer zu spät kommt: selbst schneller als der Dieb nach der eigenen Brieftasche zu greifen und sie festzuhalten. Einer der ältesten, primitivsten, aber fast immer erfolgreichen Tricks der Diebe, die unmittelbar nach der Anrempelung unter Entschuldigungen das Weite suchen.

Auch in geschlossenen Räumen muß man sich vor solchen Hineinrennern hüten. Sie arbeiten mit der gleichen Taktik, die Koloman Berkes vor hundert Jahren beschrieb:

«Die Taschendiebe unternehmen den Carambole-Diebstahl auch in Bildergalerien und Ausstellungssälen. Der Besucher besichtigt mit Aufmerksamkeit und Interesse die ausgestellten Gegenstände und versenkt sich im Anblicke derselben. Der von der entgegengesetzten Seite kommende Taschendieb simuliert Erschöpfung, carambolirt jäh mit dem ahnungslosen Besucher, erfaßt scheinbar bestürzt und krampfhaft dessen Kleider, bestiehlt ihn aber schon in diesem Momente und nachdem er sich bestürzt entschuldigt, macht er sich so rasch als möglich aus dem Staube. Der Besucher hat natürlich in seiner Verwirrung keine Ahnung davon, daß er bestohlen worden sei.»

Unverhofftes Wiedersehen

Nicht so grob wie die altbewährte Anrempelung, aber gleich ergiebig ist der Wiedererkennungstrick. Mit großem Hallo wird ein Wildfremder auf der Straße begrüßt und als alter Kamerad, entfernter Verwandter oder Reisebekanntschaft von ehedem «nach so langen Jahren der Trennung» stürmisch umarmt. Längst bevor sich das Mißverständnis aufgeklärt hat, nahm bei der ach so herzlichen Zeremonie die Brieftasche den kurzen Weg in die Tasche des Diebes.

Neu ist diese Form der Annäherung allenfalls für den Bestohlenen, er kann nicht wissen, daß dieser Trick eine lange

Tradition hat. In seinem Buch über «Gaunerstreiche, oder listige Ränke der Betrieger unserer Zeit» gibt Dr. Franz Rittler bereits 1820 eine exakte Schilderung dazu:

«Gewöhnlich legt ein Spitzbube ein solches Unternehmen auf Fremde, am liebsten auf Landjunker, Pächter und Provinzbewohner an. Sieht er einen Mann dieser Art, dem er eine Uhr von Wert zutraut, so eilt er ihm durch eine andere Gasse vor, begegnet ihm dann scheinbar zufällig, und stürzt ihm sogleich unter stürmischen Liebkosungen um den Hals; aus Freude, seinen teuersten Herrn Vetter so unvermutet und gesund hier zu sehen. Ehe der überraschte arglose Fremde diese Augentäuschung widerlegt, ist er seiner Uhr schon beraubt. Nun spielt der Gauner den Verlegenen, bittet tausend Mal um Verzeihung, entschuldigt sich mit einem kurzen Gesichte, und verschwindet mit seinem Raube in der nächsten Quergasse.»

Doppelt angeschmiert: Die gezielte Verunreinigung

Weltweit wird sie praktiziert und findet täglich neue Opfer. Wie keine andere Methode der Annäherung täuscht sie ein Hilfsangebot vor, das auch kaum jemand ablehnt, weil der Betroffene mit einer ihm völlig ungewohnten Situation fertig werden muß. Aus einer kleinen Spritzpistole jagt einer aus dem Diebesteam einen dünnen Strahl verdünnten Senfs auf die Kleidung des Opfers. Es kann auch die Schale Fritten mit Mayonnaise sein, mit der man angerempelt wird, oder Eiscreme, die sich übers Jackett verbreitet. Weil häufig auch eine bestimmte Würztunke zur Verunreinigung herhalten muß, nennt man diese miese Masche unterdessen auch den «Ketchup-Trick». Ist es passiert, nähern sich zwei aus dem Team, um bei der Reinigung zu helfen, bei der das Opfer meist gar nicht anders kann, als sein Jackett auszuziehen. Die Helfer machen sich nützlich, dabei Verwünschungen gegen diese ungehörige Belästigung ausstoßend. Anschließend ist der Fleck oft noch sichtbar, die Brieftasche aber ganz sicher verschwunden. Das Opfer ist auf doppelte Weise angeschmiert.

Wiederholt gelang es den Dieben, mit diesem Trick bei zuvor ausgekundschafteten Opfern große Beute zu machen, so in Hamburg, wo man damit einem Geldboten einen Lederbeutel mit 30 000 Mark entwendete.

Trick mit Blümchen

Er wird von buntgewandeten Frauen in südlichen Ferienzentren angewendet. Fröhlich nähern sie sich dem arglos einherschlendernden Touristen und stecken ihm eine Blume ins Knopfloch. Natürlich zückt der erfreute Urlauber freigebig seine Börse, um sich mit einem Geldschein oder einigen Münzen erkenntlich zu zeigen. Behende greift die Diebin mit hinein und «hilft» dem mit der Landeswährung nicht vertrauten Ausländer . . . Dabei verschwindet immer weit mehr, als man zu geben bereit war. Immer häufiger geschieht es auch, daß einem die Börse, sobald man sie hervorgeholt hat, mit geschicktem Griff entwendet wird. Ehe man überhaupt reagieren kann, ist die Frau, die sich anfänglich so liebenswürdig gebärdete, damit verschwunden.

Der barmherzige Samariter

Nichts leichter für den Taschendieb als diese Tour: Da greift er einem Angeheiterten nach ausgedehntem Kneipenbummel hilfreich unter die Arme oder hält ihm den schwirrenden Kopf – die Diebeshand braucht sich nur für Sekunden zu lösen und nach Beute zu fischen. Überall passiert das heute in den Städten dort, wo es am Abend gemütlich zugeht.

Bei Anlässen wie dem Münchner Oktoberfest oder dem Cannstatter Wasen haben sich immer mal wieder hilfreiche

Zeitgenossen mit diesem Trick ihre eigenen Taschen gefüllt. Kurzszene von der Hamburger Reeperbahn: Offensichtlich hat der auf eine Doppelstreife der Polizei zugehende Mann stark geladen. Aufgeregt zeigt er auf einen Passanten: «Das ist er, Herr Wachtmeister! Gestern hat er mir die Brieftasche geklaut, mir war übel, wissen Sie, und da hat er mir den Kopf gehalten. Und plötzlich war er mit der Brieftasche verschwunden!» Außer dem Geld befand sich in der Brieftasche zu allem Unglück auch noch sein Trauring.

Rollenspiel: Der Angeheiterte

Hier greift der Taschendieb nicht als Barmherziger Samariter zu, er schlüpft selbst in die Rolle des Betrunkenen. Alle Freiheiten kann er sich nun herausnehmen, fröhlich einherschwankend auf sein Opfer prallen und es dabei bestehlen; wenn es sein muß, wird der Dieb auch schon mal handgreiflich dabei. Ehe der Angegangene überhaupt begreift, was da vorgeht, hat der angeblich Betrunkene die Brieftasche geangelt. Zwar ist auch das altes Repertoire, aber man sehe sich vor: Vor wenigen Monaten in München in der Bayerstraße umringten fünf englische Pickpockets einen Passanten, klopften ihm gutgelaunt auf die Schultern und umarmten ihn. Einer aus dem Team der hellwachen Langfinger stahl dabei die Brieftasche des Mannes. Das Auge des Gesetzes wachte nicht weit davon entfernt, die Täter im Alter von 22 bis 25 Jahren konnten festgenommen werden – einen Rausch brauchten sie nicht auszuschlafen.

Erfolgreicher mit diesem Trick waren zwei in Abendgarderobe gekleidete Taschendiebe, die sich zu einem Empfang anläßlich eines Detroiter Automobil-Salons einstellten. Einer von ihnen markierte den Angeheiterten, der sich nicht mehr unter Kontrolle hatte. Während er Gäste anstieß, war sein Partner damit beschäftigt, ihn zu stabilisieren und sich bei den

Gästen zu entschuldigen. Diese merkten erst nach dem Abzug dieses ungewöhnlichen Paares, daß es sich um wahrhaft einnehmende Herren gehandelt hatte.

Die fingierte Schlägerei

kann es sein oder eine zu Bruch gehende Fensterscheibe – dafür hatte der Komplize des Langfingers gesorgt –, die vom Griff in die fremde Tasche ablenken. Oder auch jemand, der sich als Boxfanatiker aufspielt und den Stil des derzeitigen Schwergewichtsweltmeisters demonstriert, derart nachdrücklich, daß niemand in ihm den Taschendieb erkennt. Schließlich kommt man sich auch bei der Schauvorführung «Kennen Sie Judo» für einen behenden Zugriff nahe genug.

Zwischen Barcelona und Granada sollte man sich davor hüten, einem leutseligen Unbekannten in der Bar seine Jacke zu reichen, weil der damit die kühnen Passagen eines Matadors von der letzten Corrida demonstrieren möchte. Mit großer Wahrscheinlichkeit ist das ein Taschendieb, der auf die leichte Tour ans Geld des Fremden kommen will.

Falsche Priester

Avé-Lallemant weiß von Gaunern zu berichten, die überzeugend als Priester in fremden Orten aufzutreten verstanden mit der Bitte, die Messe lesen zu dürfen. Nicht nur, daß man sie zum Verweilen einlud und ihnen guttat, sie ließen beim späteren eiligen Verschwinden alles mitgehen, was einigen Wert besaß.

Auch heute erlebt diese Masche eine zeitgemäße Neuauflage. Sieht man in Italien einen Priester, der verzweifelt bemüht ist, die Panne an seinem bescheidenen Auto zu beheben, dann muß man seine Hilfsbereitschaft erst einmal zügeln und sich fragen: Ist der Mann in der Soutane echt? So mancher Tourist hat da schon beherzt zugegriffen, sich die Jacke ausgezogen, dem gar nicht so Frommen zum Halten gereicht und fachmännisch drauflos repariert, bis das Auto ansprang. Die Brieftasche fand unterdessen den Weg in die Tasche des Ganoven, der den Priester nur mimte, um an des anderen Geld zu kommen.

Die Reise gleicht einem Spiel; es ist immer Gewinn und Verlust dabei und meist von der unerwarteten Seite.
                                                    Johann Wolfgang von Goethe

Der Trick mit dem Pappschild

Kinder halten ein solches Schild dem Opfer nahe vors Gesicht. Das gibt die Deckung ab für den Zugriff, wenn der gutmütige Passant zur Börse greift. Formeln wie «Vater krank, Mutter tot, habe Hunger» können auf dem Schild stehen. Europaweit ist dies augenblicklich sehr in Mode. Natürlich sind nicht alle Bettler Taschendiebe, doch ist es nicht immer einfach, echte Bettler von Langfingern zu unterscheiden.

Am Kölner Heumarkt wurden auf diese Weise einer Frau kürzlich 1000 Mark gestohlen, einen evangelischen Pfarrer aus Lübeck hat man in St. Aposteln um 800 Mark erleichtert.

Es kann auch ein Säugling sein, mit Tragetuch vor dem Bauch der Mutter gehalten, der ähnlich wie das ausgestreckte Pappschild der diebischen Hand als Deckung dient.

Die Gutmütigkeit ihrer Opfer belohnen jene Diebe mit perfidem Undank, die in die Bettlerrolle schlüpfen. Solange die Geldbörse noch offen ist, bedanken sie sich mit einem unterwürfigen Handkuß für die Gabe. Abgeschirmt durch ihren vornübergeneigten Oberkörper greifen sie behende nach Papier- und Münzgeld.

Ähnlich gehen Taschendiebe vor, die sich mit der Bitte an

ihre Opfer heranmachen, ihnen Geld zu wechseln. Öffnet der Angesprochene seine Geldbörse, hat er schon verspielt. Auf bestimmte Münzen zeigend, hilft der Dieb beim Umwechseln nach. Unsichtbar für die Betroffenen läßt er dabei Münzen oder auch Geldscheine zusätzlich mitgehen.

Die Begegnung mit den Langfingern ist – das wollen wir nicht vergessen – häufig auch eine Begegnung mit der Not. Die Bedürftigkeit jener Menschen, die sich uns mit ausgestreckter Hand nähern, ist ein Appell an unser Mitgefühl und unsere Hilfsbereitschaft, dem wir uns gerne stellen. Sie aber sollten durch die üblen Praktiken der Unehrlichen unter ihnen nicht auf der Strecke bleiben. Wer helfen möchte, eine nächste Mahlzeit oder mehr zu sichern, kann dies ohne Risiko für sich und ohne Versuchung für den zu Beschenkenden tun: Damit die geöffnete Börse nicht zur Gelegenheit wird, die Diebe macht, sollte man sich das Geld für gute Taten unterwegs vorher schon lose und leicht zu greifen in die Mantel- oder Jackentasche stecken.

William Saroyan: «Wenn du einen Dieb beschenkst, kann er dich nicht mehr bestehlen; er ist dann kein Dieb mehr.»

Die Mitleidsmasche

Es gibt Taschendiebe, die sich darauf verstehen, ihr Opfer mit erwecktem Mitleid zu ködern: Sie täuschen einen Schwächeanfall vor, spielen den Mann, der einen Herzanfall erleidet, mimen perfekt den Epileptiker, den ein Anfall heimsucht. So wird man motiviert, dem armen Menschen beizustehen, der sich manchmal an einem festklammert. In solch einer Situation denkt niemand daran, daß man ausgenommen werden soll.

Wenig später schon geht es dem Hilfebedürftigen schon wieder besser, auffällig immer, wie rasch er sich aus dem Staube macht, mit einer Entschuldigung auf den Lippen.

Dieser Trick ist eine Variante der Anrempelungs-Taktik,

behutsamer und hinterlistiger zugleich. Kriminalisten haben ihn schon im vergangenen Jahrhundert konstatiert. Gelegentlich spielt der «Zusammenbrechende» auch nur die ablenkende Rolle. Der kleine Menschenauflauf, der immer entsteht, gibt den Komplizen genug Arbeitsmöglichkeit.

Preisfrage

Mit diesem neuen Trick kommen die Langfinger vor allem in Kaufhäusern und Supermärkten zum Zuge. Sie geben vor, nicht lesen zu können und halten einem Kunden ein Hemd oder ein Handtuch vor das Gesicht und fragen dabei nach dem Preis. Während das hilfsbereite Opfer die Zahlen entziffert, räumt unter Deckung des hochgehaltenen Gegenstandes der Täter unbemerkt die Handtasche aus. In Lebensmittelabteilungen wird mit einem ähnlichen Trick gearbeitet. Während ein Käufer an der Kühltruhe auf die Verfallsdaten der Waren angesprochen wird, nutzen sie dessen Konzentration auf das Kleingedruckte für ihren Zugriff.

So ganz neu ist jedoch auch diese Masche nicht, sie wird schon in Georg Paul Hoenns Betrugs-Lexicon von 1761 aufgeführt:

«Beutelschneider betrügen, wenn sie die Leute, bei welchen sie Geld ermercken, ersuchen, ihnen doch die Überschrift auf denen Briefen, so sie vorzeigen, zu lesen, unter dem Lesen aber selbigen den Beutel mit dem Gelde entziehen und davon lauffen.»

Schnelle Beute in der Drehtür

Schon in den zwanziger Jahren haben amerikanische Pickpockets diese List an ihren arglosen Opfern praktiziert. Hierzulande hat sie noch Neuigkeitswert, bald wird sie sich

Wenn ich nicht wüßte, daß alle meine Leser tugendhafte Menschen sind, würde ich sie noch vor einer andern Art der Gaunerei warnen, vor der sogenannten Entolage nämlich. Die Entolage wird an den lasterhaften Menschen ausgeübt, die sich von dem Lächeln einer Boulevardsirene bezaubern lassen. In der gastlichen Behausung der Dame werden dem Unglücklichen die Taschen ausgeleert, während er lieblichen Zwiegesprächen obliegt...

Karl Eugen Schmidt, 1909

durchgesetzt haben, wie jetzt schon in den Drehtüren des Kölner Doms, in denen manchem Besucher der geweihten Stätte die Barschaft abhanden kam.

Immer zwängt sich dabei ein Zweiter im allerletzten Augenblick in das vom Opfer schon okkupierte Abteil einer Drehtür und kommt mit ihm auf Tuchfühlung – so nahe, wie anderswo kaum möglich. Während der vier bis fünf Sekunden gemeinsamen Durchgehens verrichtet die scheremachende Hand ihr Werk.

Manchmal hilft ein Komplize nach, der ins nächste Abteil gelangt ist: für einen Moment blockiert er die Bewegung der Drehtür, worauf der Dieb vor ihm wie in Panik mit Hilferufen und aufgeregten Armbewegungen reagiert.

Gleich darauf ist man jedoch im Freien; daß die ausgetüftelte Situation der heimlichen Geldübernahme diente, fällt dem Betroffenen erst später auf.

Feuer für die Zigarette

Das gehört längst zum klassischen Repertoire der Taschendiebe, denn wer immer dieser Aufforderung nachkommt: «Können Sie mir bitte Feuer geben . . .?», der ist für den Zugriff mühelos erreichbar. Ganz nahe ist man ihm im Augenblick, wo das Streichholz angezündet wird oder das Feuerzeug aufflammt. Dafür, daß der Passant sich die Mühe macht und auf die Bitte eingeht, bekommt er seine Quittung, er muß Lehrgeld als Bestohlener zahlen.

Neue Variante: Diebe mimen den Taubstummen, der mit wortloser Gebärdensprache um Feuer bittet. Eine doppelte List, dieser durch das Handicap verstärkte Appell, doch mit der flüchtigen Geste des Feuerreichens zu helfen. Einer der weisen Aphorismen Leonardo da Vincis lautet: «Lerne von den Taubstummen die ausdrucksvollen Bewegungen.» Der Gedanke ist wegen jener räuberischen Zeitgenossen ergänzungsbedürftig: «Frage dich zuerst, ob der Mann nicht zur Zunft der Langfinger gehört!» In Moskau jedenfalls ist es so; da versuchen die Taschendiebe auf diese Weise an die begehrte Valuta der Ausländer zu kommen.

Schlüsselerlebnis

Ruhrgebiet. Die Frau, die irgendwo an einsamen Stellen ihren verlorenen Schlüsselbund suchte: sie sprach ältere Männer an, die des Weges kamen. Natürlich spielten die meisten den Kavalier und halfen beim Suchen. Fand der Ritter die Schlüssel, so fiel sie ihm vor Freude um den Hals. Die Freude darüber währte nicht lange, alle kamen sie ohne Brieftasche nach Hause.

Alte Methoden

Nichts, was der Grazer Rechtsgelehrte Dr. Franz Rittler schon 1820 über die Tricks und Methoden der Langfinger gesagt hat, bis hin zum Aufschlitzen der Kleidung, hat an Aktualität verloren. Allgegenwärtig warten Diebeshände darauf, mit geschicktem Griff Beute zu machen:
«Taschendiebe treiben ihr Handwerk meisten Theils auf Märkten, in Kirchen, Theatern, auf Tanzplätzen, bey feyerlichen Gelegenheiten, wo viele, besonders wohlhabende Leute mit einer guten Barschaft zusammen kommen, bey Prozessionen, Begräbnissen, Volksfesten, Hinrichtungen. Gewöhnlich stehen ihrer auch drey oder vier in näherer Verbindung. Mit lauerndem Blicke geben sie Achtung, wo jemand seine Brieftasche oder den Beutel heraus zieht, wie viel ungefähr darin seyn kann, und wohin er eingesteckt wird. Haben sie nun eine erwünschte Entdeckung gemacht, so behalten sie diese Person im Auge, schleichen ihr im Gedränge nach,

schieben sie gegen andere hin, und ziehen in diesem Augenblicke mit eben so viel Behendigkeit als Geschicklichkeit den
Beutel, Brieftasche etc. heraus. Oft machen sie auch, wenn das
eine oder das andere zu tief liegt, um es mit der Hand heraus
zu holen, einen Querschnitt in die Beinkleider, oder an die
Rocktaschenseite, und ziehen es dann durch die gemachte
Oeffnung heraus.»

Am Bahnhof kommen die Diebe zum Zug

«*Und Schwejk erklärte nachdrücklich: ‹Am Bahnhof ist immer
gestohlen worn und wird weiter
gestohlen wern. Anders gehts
nicht.›* »

Jaroslav Hašek

Schon immer war es so, aber nie so schlimm wie heute. Steigt
man in Berlin am Bahnhof Zoo aus, erschallt als Willkom-
mensgruß aus allen Lautsprechern die Warnung vor Taschen-
und Gepäckdieben. In Paris stehen die Tireurs, die «Zieher»,
an jedem Fernbahnhof bereit, die Ankömmlinge in Empfang
zu nehmen. Taschendiebe lieben Bahnhöfe. Die Reisenden in
eiliger Fortbewegung haben derartig viel mit sich und ihrem
Gepäck zu tun, daß sie leichte Beute werden. Bahnpolizisten
sind rund um die Uhr im Einsatz, die uniformierten und die
speziell ausgebildeten Taschendiebsfahnder in Zivil.

Dennoch, sie können einfach nicht überall sein. Hinter
ihrem Rücken wird gemopst, die Zuwachsraten klingen
phantastisch. Der österreichische Schauspieler Fritz Muliar
stieg im Frankfurter Hauptbahnhof nur mal um, schon wurde
ihm seine Handtasche gestohlen. Wenn es doch nur die
400 Mark, Kreditkarte und Euroschecks gewesen wären,
dann hätte er es noch verschmerzen können. Aber ein so per-
sönliches Erinnerungsstück wie ein Feldgesangbuch aus
Kriegszeiten war auch in der Tasche, unersetzlich für ihn. Alle
Nachforschungen verliefen erfolglos.

Oder Max Schautzer am Kölner Hauptbahnhof: ein rade-

Taschendiebe am Bahnhof Friedrichstraße in Berlin, 1884

brechender Ausländer lenkt ihn gestikulierend ab, so daß er nicht merkt, wie dessen Komplize seinen Reisekoffer stiehlt, in dem er, bedauerlicherweise, auch alles das hatte, was man gemeinhin nicht im Koffer mit sich führt – Autopapiere und Paß, Adressenbuch und Terminkalender.

Wie man beim Einsteigen ausgenommen wird

Vor allem in den Ferienzeiten hat das Gewerbe der Langfinger seine eigene Hochsaison auf den Bahnhöfen. Die stark
frequentierten Fahrkarten- und Auskunftsschalter, Gepäck-
abfertigungen und Zeitungsstände bieten sich ihnen zur Ar-
beitsausübung an. Das geschäftige Treiben auf den belebten
Bahnsteigen erleichtert es ihnen zusätzlich, ihre Griffe zu wagen. Bei Zugeinfahrten sind sie nahe am Mann.

Hat ein Team sich ein Opfer ausgewählt, wird es so lange
beschattet, bis es in den Zug steigen will. Im gleichen Augenblick nehmen zwei von ihnen den Nichtsahnenden in die Mit-
te. Der eine steigt vor ihm, der andere dicht hinter ihm ein, fast
schiebt er das Opfer nach oben in den Zug. Wenn der erste auf
der oberen Stufe ist, gibt er vor, sein Gleichgewicht zu verlieren und läßt sich zurückfallen. Der Gehilfe hinter dem Opfer
fängt die Last beider Männer auf. Ein kurzes Gedränge, Entschuldigungen, man verteilt sich im Wagen. Aber während
des gespielten Falles hat der «Zieher» die Jacke des Opfers
blitzschnell aufgeknöpft und die Brieftasche gezogen, das alles in wenigen Sekunden. Und sollte sich der Betroffene
schon bald bestohlen fühlen: die beiden in die Drängelei ver-
wickelten Herren haben bestimmt nichts mehr bei sich, längst
hat sich der Dritte im Bunde mit der Beute davongemacht.

Wohin er blickt, daß sagt schon viel

Unauffällig beschattet Karl-Heinz Aderhold auf dem Kölner
Hauptbahnhof einen Herrn, der offensichtlich in eine be-
rufsspezifische Schablone paßt: seine Bekleidung und die
eingeschätzte Nationalität geben erste Anhaltspunkte. Dann
aber vor allem die Augen des Mannes; wohin sie blicken, das
sagt ihm fast schon alles. Der Verdächtige taxiert Koffer und

Taschen potentieller Opfer, dazu der für den heimlichen Griff Deckung abgebende Mantel über dem linken Unterarm, das verräterische Bedürfnis, bei einlaufenden Zügen inmitten des Gedränges vor den sich öffnenden Türen zu sein – das alles sind Anzeichen dafür, daß der Taschendiebfahnder der Bahnpolizei einen routinierten Profi ausgemacht hat. Im entscheidenden Augenblick des Diebstahls dann die Festnahme, der Weg zur Wache und das Eingeständnis des Gefaßten: «Heute warst du besser als ich, morgen bin ich wieder besser.»

Aber der Kölner Richter sorgt dafür, daß der Dieb nicht sobald wieder nach fremden Brieftaschen greift. Achtzehn Monate dürfen dessen feingliedrige Hände ausruhen von der speziellen Fertigkeit, die Innentaschen von Herrenjacketts zu entleeren. Diesen heute seltener praktizierten Griff hatte der Taschendieb in Sarajewo gelernt, in der «Schule der Geschicklichkeit».

Betäubt und ausgeraubt

Das Basler Kriminalkommissariat hat Zugreisende davor gewarnt, von fremden Personen angebotene Getränke anzunehmen. Perfide Bahndiebe böten mit starken Schlafmitteln präparierten Kaffee oder Fruchtsaft auf leutselige Weise an, um arglose Mitreisende einzuschläfern und anschließend auszurauben. Auch Zigaretten können narkotisierende Substanzen enthalten.

Erinnern wir uns an Erich Kästners «Emil und die Detektive»: Herr Grundeis mit dem steifen Hut auf dem Kopf, der neben Emil auf der Fahrt nach Berlin im Zugabteil sitzt, arbeitete auch mit einem solchen miesen Trick. Die Schokolade, die er Emil mit der freundlichen Aufforderung: «Na, junger Mann, wie wär's?» hinhielt, hatte es in sich. Ein langer, tiefer Schlaf war die Folge. Nach dem Erwachen kommt Emil die

Erkenntnis, daß nicht nur Herr Grundeis nicht mehr neben ihm sitzt, sondern daß mit ihm auch die einhundertundvierzig Mark, die ihm seine Mutter in die rechte Jackentasche gesteckt hatte, verschwunden waren. «Die Tasche war leer! Das Geld war fort!»

Uralt, dieses Narkotisieren, viel praktiziert schon in der Frühzeit der Eisenbahn, vor allem auf dem Balkan. Koloman Barkes, Kriminalkommissar in Budapest:

«Man hüte sich im Eisenbahncoupé von Unbekannten Cigarren oder Getränke anzunehmen, denn die Cigarre kann leicht mit einem Narcoticum imprägniert und das Getränk zu verbrecherischem Zwecke präpariert sein.»

Diese Warnung wurde 1899 ausgesprochen.

Unterdessen hat sich das Zugpiratentum auf vielen durch die südlichen Länder Europas führenden Bahnlinien etabliert. Die Zugschaffner sind machtlos und beklagen das Fehlen ausreichenden polizeilichen Begleitschutzes auf den besonders gefährdeten Strecken.

Ballonaufstieg

St. Louis, USA. In der großen Bahnhofshalle hat sich ein Luftballonverkäufer etabliert. Plötzlich gibt er die riesige Traube bunter Ballons frei, die zum Dach der Halle aufsteigen. Vergnügt starrt die Menschenmenge in die Höhe, so etwas hat es hier noch nicht gegeben. Wenig später ist eine stattliche Zahl von ihnen nicht mehr vergnügt. Brieftaschen und Geldbörsen waren ihnen von cleveren Pickpockets abgenommen worden, während ihr Komplize die Schau mit den Luftballons abzog.

Die Metro – ein Fest für Diebe

Am 19. Juli 1900 wurde mit einer Fahrt von Vincennes zur Porte Maillot die Pariser Untergrundbahn eröffnet. Am gleichen Tag feierten die Langfinger der Metropole in eben dieser Metro mit der Inbesitznahme fremder Brieftaschen und Geldbörsen ihren Einstand. Sie waren hingerissen von den Möglichkeiten, die das neue Verkehrsmittel ihren beutegierigen Händen bot. Bis heute hat sich daran nichts geändert: am Fahrkartenschalter und an der Sperre, auf dem Bahnsteig und im Zug selbst. Überall brauchen sie einfach nur in die Taschen des neben ihnen Stehenden zu greifen und zuzulangen.

Heute schärfen die Zugführer den Fahrgästen über Wagenlautsprecher ein: «Achtung, in diesem Zug halten sich Taschendiebe auf!» Sie können es auf gut Glück sagen, immer sind in der Metro Taschendiebe am Werk. Doch diese Aufrufe zur Wachsamkeit nützen kaum. Vor allem Fremde unterschätzen die Geschicklichkeit der Diebe.

Selbst einem Polizeikommissar, der seine Männer auf einer Kontrollfahrt begleitete, fingerte einer dieser «Zieher» kürzlich ein Bündel Geldscheine aus der Tasche – unerkannt konnte er entkommen.

Auf rund 300 000 gelungene Griffe in die fremden Taschen schätzt man heute die Metro-Diebstähle pro Jahr. Kein Wunder, daß es einzelne Opfer schon mal wiederholt trifft, wie die aus Tübingen angereiste Studentin der Kunstgeschichte. Fleißig besuchte sie die Museen, fleißig wurde sie im Pariser Untergrund bestohlen: einmal war es ihre Geldbörse, am nächten Tag der Füllfederhalter, und beim dritten Mal ihr Adreßbüchlein.

Georges Simenon: Diebesjagd in der Pariser Metro

Unser Inspektor gibt seinem Kollegen ein Zeichen – es müssen immer zwei sein –, und schon geht die Jagd los. Sie gehen in eine Metrostation, entscheiden sich für eine bestimmte Linie und eine ziemlich kurze Fahrtroute, zum Beispiel vom Hôtel de Ville bis Concorde.

Unauffällig und perfekt arbeitet Papa Stoppiani – von Vittorio de Sica dargestellt – überall dort, wo sich eine passende Gelegenheit bietet. Aus dem Film von Alessandro Blasetti: «Schade, daß du eine Kanaille bist», 1955.

Jeder stellt sich an ein Ende des Waggons, und ich schwöre, von diesem Zeitpunkt an entgeht den beiden nichts mehr.

Es klingt fast unglaublich, daß man fast jeden Tag innerhalb von zwei Stunden auf diese Weise einen Dieb fangen kann.

Nehmen wir mal an, ein um seine Brieftasche erleichterter Herr steigt an der Station Palais-Royal aus, ohne etwas von seinem Mißgeschick zu ahnen. Rasch tritt einer der Polizeibeamten auf ihn zu.

«Pardon, Monsieur! Greifen Sie doch bitte mal in Ihre Jackentasche.»

Denn das Gesetz schreibt vor, daß der Bestohlene Anzeige erstatten muß. Tut er es nicht, können die Detektive nichts ausrichten.

Unterdessen hat der andere Inspektor freundlich den Dieb gestellt.

«Würden Sie mir bitte zum Revier folgen?»

Das ist alles. Es hört sich so einfach an. Aber bedenken Sie, daß der Wagen der Untergrundbahn brechend voll ist, daß Leute ein- und aussteigen und sich gegenseitig auf die Füße treten und daß die Festnahme nur ein paar Minuten dauert. Vergessen Sie nicht, daß dem Inspektor sein Beruf nicht auf der Stirn geschrieben steht und daß die Menge, wenn er jemanden stellt, oft genug anfängt, ihn mit Schlägen zu traktieren. Oder daß es der Bestohlene oft eilig hat und er lieber den Verlust seiner Brieftasche in Kauf nimmt, als ein bis zwei Stunden auf dem Kommissariat zuzubringen.

Und schließlich hat sich die eben geschilderte kleine Szene hundertmal vor Ihren Augen abgespielt, ohne daß Sie es bemerkt haben!

Nun sagen Sie, daß die Sache kinderleicht ist!

Aus der Artikelserie «Hinter den Kulissen der Polizei», die Georges Simenon 1934 für den «Paris Soir» schrieb.

Schutzengel für die Sicherheit

New York liegt in der U-Bahn-Kriminalität weit an der Spitze, gefolgt von London, dann erst kommt Paris. Die «Guar-
dian Angels» sorgen dafür, daß für die fünf Millionen Menschen, die täglich die Subway von New York benutzen, die
Fahrt nicht zum Horrortrip wird. In Paris überlegt man sich,
ob man nicht Soldaten in Sachen Sicherheit für die Metro abstellen soll. In Berlin kümmert sich der paramilitärische «Mo-
bile Ordnungsdienst» der BVG in den Verkehrsmitteln der
Stadt darum, daß die hochschnellende Kriminalitätsrate in
Grenzen gehalten wird, in München waren es lange die un-
übersehbaren «Schwarzen Sheriffs», mit Stern, versteht sich,
die dafür sorgten, «daß Münchens U-Bahn jetzt die sicherste
von ganz Texas ist».

Meistergriff in die Innentasche

Mit einer aufgefalteten Zeitung nähert sich der Taschendieb
seinem Opfer, er kommt ihm so nahe, daß er die Zeitung bis
dicht unter das Kinn seines Gegenübers führen kann. In
Straßenbahnen, U- und S-Bahnen mit stehenden Fahrgästen
erregt ein solches Verhalten keinerlei Verdacht. Unter
Deckung der Zeitung führt der Dieb seine linke Hand seitlich
in die linke Innentasche des Jacketts, in der sich zumeist die
Brieftasche befindet.

Am liebsten wählt der Dieb einen Fahrgast aus, der sich an
einem Haltegriff festhält, das erleichtert die Arbeit. Der erho-
bene Arm weist ihm das Opfer aus als «bestehlenswert bei
vermindertem Risiko». Nach gelungenem Griff gleitet die
Brieftasche in die zusammengefaltete Zeitung hinein, beim
nächsten Stop verläßt der Dieb den Wagen.

Robert Bresson hat diesem Vorgang eine atemberaubende

Szene – sie spielt in der Pariser Metro – seines Pickpocket-Films gewidmet.

Auf diesen heute selten ausgeübten Meistergriff angesprochen, meinte ein altgedienter amerikanischer Pickpocket: «Ich selbst und auch andere unserer Zunft, mit denen ich darüber geredet habe, wir gelangen in die Innentaschen ebenso leicht wie in eine Gesäßtasche, wenn nur der Mann steht und ihm die Zeitung dicht unters Kinn gehalten wird.»

Im Bus, mitten in New York

Jim Stewart vom Ressort für Taschendiebstahl bei der New Yorker Polizei warnte in einem Vortrag seine Zuhörer vor einer neu aufgetauchten Spezies von Dieben:

«Achten Sie auf südamerikanisch oder spanisch aussehende Herren, die mit dem Mantel über dem Arm oder einer Zeitung in der Hand in öffentlichen Verkehrsmitteln arbeiten. Sie benutzen Mantel oder Zeitung als Deckung für ihre Hände.»

Einer der Zuhörer war Irving Desfor, langjähriger Kolumnist bei Associated Press. Wenige Tage später hatte er dieses Erlebnis:

«Ich war auf dem Weg zu einer ärztlichen Untersuchung. Im Bus mußte ich stehen, mit der rechten Hand hielt ich mich am Haltegriff fest. Ich trug einen Regenmantel. Meine Brieftasche befand sich in meiner linken Hosentasche, unter Jacke und Mantel. Der Bus war mäßig besetzt. Ein Mann stieg zu, der einen Überzieher über dem Arm trug. Ich hatte den Eindruck, daß er etwas zu dicht hinter mir vorbeiging, aber ich fühlte nichts Bestimmtes in meinem Rücken außer einer leichten Berührung. Er ging zur mittleren Ausgangstür.

Plötzlich erinnerte ich mich an den Vortrag von Jimmy Stewart. Ich tastete nach meiner Brieftasche: sie war weg. Ich ging zu dem Mann und sagte laut: ‹Sie haben meine Brieftasche gestohlen!› Er antwortete nicht und zeigte stattdessen auf den Boden. Dort lag meine Brieftasche. Ich hob sie auf. Er hatte sie fallen gelassen, als ich mich näherte. An der nächsten Haltestelle stieg er aus.»

Entlarvt

Mit einer gestohlenen Brieftasche stieg einer der erfolgreichsten Taschendiebe Mailands aus der Straßenbahn aus, überzeugte sich mit raschem Blick von seiner Beute, worauf er hinter der Bahn herjagte, aufsprang und den Bestohlenen verprügelte. In der Brieftasche hatte er ein Foto seiner Frau gefunden. Es trug die Widmung: «Dem feurigsten Liebhaber der Welt!»

Großflughäfen versprechen reiche Beute

Der Traum vom einmaligen, glücklichen Griff treibt die Langfinger wie nie zuvor auf die Großflughäfen. Hier halten sie nach Passagieren Ausschau, bei denen sie lohnende Beute vermuten. Wohlhabende Amerikaner, Araber und Asiaten, oftmals sorglos im Umgang mit ihren Habseligkeiten, sind ihre bevorzugten Opfer.

Der Frankfurter Rhein-Main-Flughafen zählt zum heißesten Diebespflaster Europas. Der Äthiopier, dem man dort 46 000 Mark aus den Taschen gezogen hat, wird ihn sobald nicht vergessen. Noch schlimmer traf es einen Geschäftsmann aus Afghanistan: ihm wurden 80 000 Mark und 15 000 Dollar gestohlen.

Die Diebe arbeiten auch hier mit Tricks, die sich situationsbedingt anbieten: Am Taxistand läßt jemand in der Warteschlange ein paar Münzen zu Boden fallen. Ein iranischer Geschäftsmann bückt sich, um beim Einsammeln der Münzen zu helfen. Diese freundliche Tat kostete ihn 73 000 Mark, die er in einem Aktenkoffer hatte, mit dem der Komplize des «Münzwerfers» unterdessen verschwand.

Ein Tummelplatz für Pickpockets sind auch die amerikanischen Flughäfen, allen voran der Chicagoer O'Hare Airport, der meistfrequentierte der Welt. Häufig wird mit der «gezielten Verunreinigung» von Kleidung gearbeitet; auch der New Yorker Kennedy Airport ist Schauplatz solcher schmutzigen Geschäfte.

Auf dem Airport von Philadelphia war eine ältere Frau die Komplizin eines Pickpocket-Teams, das sich die Rolltreppen als geeigneten Ort für den Zugriff auserkoren hatte. Sie arbeitete mit dem Trick, einige Gepäckstücke die Rolltreppe hinunterpurzeln zu lassen. Das verursachte Ausweichen, Geschiebe, hilfsbereites Zupacken, kurz, die nötige Ablenkung, bei der sich ihre Partner Handgepäck, Brieftaschen und Geldbörsen aneignen konnten.

Ungewöhnlich auch diese Methode: Spielende Kinder werfen sich irgendetwas zu. Vorsicht! Zum Spiel zu zweit gehört ein Dritter – ein Erwachsener. Er signalisiert den Kindern, welchen gepäckbeladenen Passagier sie zur Zielscheibe ihrer Wurfübungen machen sollen. Diese Form von Ablenkung funktioniert vorzüglich. Denn wer läßt nicht schleunigst das, was er in Händen hält, zu Boden gehen, um den Kopf vor derlei Flugobjekten zu schützen. Bevor man sich's versieht, ist der Koffer verschwunden.

So viel auf einmal

Am 16. Juli 1983 hat ein italienischer Taschendieb alle bis dahin bestehenden Rekorde gebrochen, als er im Gedränge vor dem Abflugschalter des römischen Flughafens Fiumicino in die Umhängetasche einer Touristin griff, wie immer behutsam, mit seinem Körper im entscheidenden Augenblick die Aktion seiner Hand abdeckend.

Was er aus der Tasche hervorgeholt hatte, war die größte je in einer Diebeshand versammelte Beute: Ringe, Anhänger, Ketten, Armreifen, Colliers und Ohrringe, fünfzehn Brillantschmuckstücke, insgesamt im Wert von sage und schreibe 633 000 Mark. Sie gehörten dem Eislaufstar Marika Kilius, die auf die Sonneninsel Capri weiterfliegen wollte.

Stendhal gab seinen Zeitgenossen vor 150 Jahren den zeitlosen Rat: «Man muß sich auf der italienischen Reise sehr einfach kleiden und keinen Schmuck tragen.»

Beginn einer Laufbahn

Die Verwaltung des «International Airport» von Los Angeles gab am 28. August 1985 bekannt, daß ein zweijähriges Mädchen einem Geldboten 8500 Dollar entwendet hat. Erste Ermittlungen ließen vermuten, ihre Eltern könnten in Kolumbien ausgebildete Taschendiebe sein.

Sergant Patrick Turner sagte, daß das Kleinkind genau wußte, was es tat, als es einen Geldbeutel von dem Handkarren des Boten nahm, während dieser in einer Cafeteria des Flughafens den Empfang quittierte. Ein Kassierer hatte beobachtet, wie die Kleine das Geld stahl und ganz unauffällig ihrem Vater überbrachte. Rasch lief der von ihm alarmierte Bote hinterher und hielt den Vater des Kindes fest, die Mutter gab mit vielen Entschuldigungen dem Boten das Geld zurück.

Die drei verschwanden, wurden aber eine halbe Stunde später dabei beobachtet, wie sie sich in eindeutiger Absicht unter die ankommenden Passagiere mischten. Bei einem erneuten Versuch hat man die Eltern verhaftet; das Kind wurde der Fürsorge übergeben.

Viel sehen, selbst nicht gesehen werden –
die Taschendiebfahnder

Den Dieb erraten am Gesicht
kann einer wohl, der andere nicht,
und selten ward als Dieb erkannt,
wer fremdes Gut sein eigen nannt.
Volksmund

Der Kongreß der Taschendiebe in Hamburg

Gleich nach der Währungsreform besannen sich viele ehemalige «Handwerker» alter Fähigkeiten. Man rechnete damals mit mehr als 2000 Taschendiebstählen jährlich in Hamburg. Im Wartesaal des Dammtorbahnhofes fand eine Versammlung von Berufsdieben statt. Kalle Schwidder, ein Mann ganz alter Schule, hatte eingeladen. Er wollte Hamburg nach südeuropäischem Muster in bestimmte Schutzzonen aufteilen, die jedem Dieb ein gutes Auskommen sichern konnten.

Bruno, genannt der «Professor», war dabei. Rosalie O. kam mit Tochter Erika und Schwiegersohn Henrich, um mitzumischen. Aus Kanada kam der «Doktor», ein Mann, dem man nachsagte, er verstehe es meisterhaft, sich aus jeder Situation herauszulügen. Auch Rudi Drabert, der Mann mit der «goldenen Hand», bot seine Mitarbeit an.

Dort, wo heute in der Mönckebergstraße der KAUFHOF steht, traf sich im Café «Lili Marleen» die Konkurrenz aus Italien und Spanien. Ein Bierlokal in der «Kurzen Mühren» war Anlaufstelle balkanesischer Taschendiebe. Hier wurden ihnen bereits Reviere angewiesen, und es gab auch schon Personenbeschreibungen von Fahndungsbeamten.

Mit sehr viel Eifer machten sich die Fahnder an die Arbeit. Brauchbare Unterlagen aus der Vorkriegszeit gab es kaum. Es existierte lediglich eine handschriftliche Namensliste aus den 20er Jahren und eine Namensammlung von Taschendieben, die während der Olympischen Spiele von 1936 in Berlin aufgefallen waren, bekannt unter der Bezeichnung «Olympiakartei». Sie erwies sich bei späteren Ermittlungen als wahre Fundgrube.

Bald schon bereute der «Professor» seinen Entschluß, hierher gereist zu sein, einige lange Monate. Sein Jagdgebiet waren die Theater und deren Besucher. Unterdessen hatten sich im Hauptbahnhof venezianische Diebe eingeschlichen, die den Reisenden beim Einsteigen die Hosentaschen aufschnitten.

Durch das «Tor der Welt» kamen auch Nachwuchskräfte angereist. Aus Barcelona erschien hier eine Familie, in der die Kunst des heimlichen Greifens nun schon in der dritten Generation gepflegt wird. Es darf nur einheiraten, wer zur Zunft gehört. José G. und seine Frau Maria Klauert (!) zog es wiederholt hierher. Der letzte Ausflug brachte beiden drei Jahre ein. Seither wurden sie nicht mehr gesehen.

Dimitri Borstar, ein Profi aus Bukarest, drückte aus, was seine Zunftgenossen ahnten: «Verdammt heißes Pflaster für uns!», sagte er bei seiner Festnahme.

Kriminalhauptkommissar a. D. Hermann Kalleicher

Langfinger im Visier

Wenn Karl-Heinz Aderhold, der erfolgreichste Taschendiebfahnder der Bahnpolizei, im Umfeld des Kölner Hauptbahnhofs einen Langfinger ausgemacht hat, ist wieder eine Rechnung nicht aufgegangen, ausgeträumt der Traum vom glücklichen Griff, von dem man sich erhoffte, für einige Zeit ausgesorgt zu haben. Ihm und seinem Team gelangen bisher jährlich rund 150 Festnahmen, eine deshalb so beachtliche Erfolgsziffer, weil Taschendiebe bei der Tatausführung ertappt sein wollen, mit der Hand in der Tasche des Opfers, oder unmittelbar nach dem Diebstahl, wenn sich das gestohlene Gut noch in ihrem Besitz befindet. Auch werden die allermeisten Diebstähle gar nicht erst angezeigt. Viele der Bestohlenen bagatellisieren den Verlust und sehen in ihm eine Art von Lehrgeld.

Glorifizierung läßt Aderhold dem Gewerbe gegenüber nicht gelten. Er macht keinen Unterschied zwischen den kleinen Fischen und den großen Dieben. Fragwürdige Berühmtheiten sind ihm aus der Kartei von Interpol vertraut, wo sie unter «Internationale Trickdiebe» mit Foto und biographischen Angaben aufgeführt sind. Eine stattliche Reihe von ihnen hat er festgenommen, allein beim Papstbesuch 1980 waren es kurz hintereinander sieben Südamerikaner. Einige dieser internationalen Spitzenkräfte kennen ihn unterdessen: «Wenn die mich sehen, begrüßen sie mich mit Handschlag, warten in meiner Gegenwart auf den nächsten Zug und fahren gleich weiter.» Nichts zu holen in der Domstadt, nur weit weg von diesem Mann mit dem siebten Sinn für Langfinger.

Der ideale Fahnder

Im Ressort Taschendiebfahndung der römischen Polizei ist seit kurzem ein Mann tätig, der jahrelang selbst die Hand nach fremdem Eigentum ausgestreckt hat. In Sachen Verbrechensbekämpfung ist er nun ein gefragter Partner der Gesetzeshüter, die er in Seminaren mit allen Schlichen und Techniken seiner ehemaligen Berufskollegen vertraut macht. Um ihn vor Racheakten der Unterwelt zu schützen, ist seine Identität ein streng gehütetes Geheimnis. Sein zirkusreifes Können bewies dieser Mann bei einer Lehrvorführung, als er vor einem stattlichen Auditorium einem hohen Polizeioffizier die Brieftasche entwendete und einem Kriminalkommissar den Ehering vom Finger streifte, ohne daß die Bestohlenen auch nur das geringste dabei merkten.

Einen Dieb fängt man
mit einem Dieb
Orientalische Weisheit

Festnahme eines Taschendiebes vor dem Passage-Panoptikum in Berlin, 1880

«Marechallo» – Der Schrecken der Taschendiebe

Bevor Hermann Kalleicher zur Polizei ging, war er
Bergmann, U-Boot-Funker und Landwirt. 1954 kam er als
Taschendiebfahnder nach Hamburg, bis zu seiner Pensionierung blieb er «diesem Delikt treu», einunddreißig Jahre hindurch. Als Kriminalhauptkommissar leitete er bis zu seiner
Pensionierung das Ressort Taschendiebstahl in der Hansestadt. Für die «Internationalen» des Metiers war sein Aus-
scheiden aus dem aktiven Dienst eine freudig begrüßte Nachricht; «Marechallo», wie ihn die peruanischen Langfinger
nannten, konnte ihnen nun nichts mehr anhaben.

Nach jeder Festnahme gab es ein typisches Kalleicher-Ri-
tual, bei dem er und sein Fahnderteam sich mit dem erwisch-
ten Dieb zusammensetzten:

«Es war tatsächlich so, daß wir mit dem festgenommenen
Taschendieb zuerst eine Tasse Kaffee tranken, bevor er in den
Knast ging. Schließlich hatten er – und auch wir – schon einen
Zwölfstundentag hinter uns. Auch Zeugen und Geschädigte
bekamen ihren Kaffee, allerdings in einem anderen Raum.»

Hermann Kalleicher, auf die Opfer der Langfinger angesprochen:

«Wem einmal in die Tasche gegriffen wurde, der traut niemandem über den Weg und bleibt lange Zeit unsicher. Es hat
mich immer wieder verwundert, daß Geschädigte, die nur ge-
ringe Bargeldbeträge zurückbekamen, dafür sehr dankbar
waren, wogegen Leute, die eine größere Summe zurück-
erhielten, das als selbstverständlich ansahen.

Eine Ausnahme allerdings bildete der Scheich eines arabi-
schen Emirates. Nach langwierigen Recherchen konnten wir
ihn als Besitzer eines wertvollen Aktenkoffers ermitteln, weil
wir vom Hersteller des Kofferschlosses erfuhren, wohin der
Koffer geliefert worden war. Der Koffer enthielt ein Blanko-
Scheckheft, Schmuck und noch mehr Wertvolles. Der Scheich

hatte keine Anzeige erstattet. Er schickte ein überschwengliches Dankschreiben, lud mich nach Riad ein, wo ich drei Wünsche offen gehabt hätte. Ich habe die Einladung nicht angenommen.»

Nichts hält der erfolgreiche Kriminalist von dem Nimbus, der den Taschendieben angedichtet wird. Ich fragte ihn: «Gab es in Ihrer Laufbahn jemals einen Taschendieb, der Ihnen durch irgendeine Handlung Respekt abgenötigt hat, einen, der bewußt niemals Arme, Alte und Behinderte bestahl, sondern sich an gewisse ethische Regeln gebunden fühlte?»

«Der gute Taschendieb ist mir noch nie begegnet», antwortete Hermann Kalleicher, «den kann es auch gar nicht geben, denn der würde kaum etwas verdienen.»

Vom Schreibtisch aus fängt man keinen Taschendieb

Dieser von den Sachbearbeitern in jahrzehntelanger Praxis geprägte Leitsatz weist schon darauf hin, daß es fast ausschließlich durch operative Maßnahmen möglich ist, eine Straftat dieses Kriminalitätsbereichs zu klären. Eine aktive Vorgehensweise ist hier gefragt; eine «reaktiv-abwartende Ärmelschoner-Sachbearbeitung» ist fehl am Platz.

Daraus ergibt sich ein besonderes Anforderungsprofil für den kriminalistischen Taschendiebstahls-Sachbearbeiter. Der Kopf und die Füße sind seine wichtigsten Körperteile – der Kopf, da dort die Vielzahl der ständig eingehenden Beobachtungen, Hinweise, Erkenntnisse und Fotos registriert, analysiert und verknüpft werden müssen. Die Füße, um bei stundenlangen Stand- und Bewegungsobservationen in überfüllten Innenstädten, Kaufhäusern, Bahnhöfen und Flughäfen, inmitten hektischer und aufgeregter Menschenmassen, stets am Ball zu bleiben.

Daneben muß er neben einer fundierten Lebens- und Berufserfahrung und einer gesund-kräftigen körperlichen Kon-

stitution noch höchste Motivation und Fähigkeit zur enga-
gierten Teamarbeit, ausgeprägte Flexibilität und eine stoische
Ruhe und Geduld mitbringen.

Taschendiebstahlsbekämpfung muß für den Sachbearbei-
ter zu einer Droge werden – und wer einmal die extrem hohen
und den Körper in gefährlichem Ausmaß überflutenden
Adrenalinschübe während der Observation und Festnahme
eines Taschendiebes erlebt hat, weiß, wie aufreibend, aber
auch schön diese Tätigkeit sein kann.

Kriminaloberkommissar Friedrich A. Schmidt

Wodurch ein Taschendieb sich verrät

«Jeder Kriminalist weiß, daß ein arbeitender Taschendieb sich
durch seine Augen verrät. Er beobachtet einen ihm verdächtig
scheinenden Mann in der Menge, beispielsweise anläßlich einer Parade oder der Parlamentseröffnung. Seine Hände kann
er nicht sehen, aber wenn seine Augen einen seltsam verschla-
genen Ausdruck annehmen, dann weiß der Fahnder, daß der
Mann dabei ist, einer Lady die Handtasche zu öffnen, einem
Herrn die Brieftasche zu ziehen oder eine Uhr zu stehlen.»

William Thomas Ewens, 1926

«Eines Tages steht der Inspektor auf dem Bahnsteig und
schaut zu, wie die Reisenden mit ihren Angehörigen im Gang
eines Erste-Klasse-Waggons hin und her laufen. Plötzlich
fällt ihm eine Bewegung auf, eine eindeutig verdächtige Bewegung. Er sieht, wie sich ein Mann verstohlen mit den Fingerspitzen über die Zunge fährt. Das heißt: Ein Taschendieb
will eine Brieftasche ziehen und ganz sicher sein, daß die Finger nicht zu glatt sind und ihm die Brieftasche noch im letzten
Augenblick aus den Fingern rutscht.»

Manuel Rojas, 1951

«Oft verraten sich die Taschendiebe schon dadurch, daß sie
im Gehen, an besonders gefährdeten Orten wie Bahnsteigen
und Straßenbahnhaltestellen, mit ihrem Zeige- und Mittelfin-

ger Lockerungsübungen machen, um sich auf diese Weise für ihre Arbeit die nötige Fingerfertigkeit zu bewahren.»
August Buchner, 1961

In die falsche Tasche gegriffen

Einer 29 jährigen Londoner Kellnerin unterlief ein peinlicher Betriebsunfall. Die bereits wegen Taschendiebstahls vorbestrafte Frau sprach auf der Straße einen Herrn an und entwendete ihm während der Unterhaltung seine Brieftasche. Der Bestohlene verfolgte den Diebstahl mit großem Interesse, denn er war ein Kriminalbeamter in Zivil und daher an praktischem Anschauungsunterricht aus beruflichen Gründen interessiert. Als seine Brieftasche den Besitzer gewechselt hatte, klärte er die Dame über seine Tätigkeit auf und verhaftete sie. Während der kommenden 10 Monate konnte sie sich keinen Brieftaschen mehr nähern.

Glücklicher Moment, in dem ein Taschendiebfahnder die

Pariser Straßenszene mit ertapptem Taschendieb
Clément Pruche, 1835

Diebeshand in seiner eigenen Tasche spürt. Denn es spricht für sein kriminalistisches Geschick, daß er seine Absichten durch vollendete Natürlichkeit zu tarnen weiß. Unauffälligkeit ist für beide die beste Arbeitsvoraussetzung, für den Dieb wie für seinen Jäger. Beide müssen lernen, sich nicht durch unbewußte Signale zu verraten. Observierungsfehler zu vermeiden ist ein gewichtiges Spezialgebiet in der Ausbildung von Kriminalbeamten, die auf Taschendiebe angesetzt sind.

Den Clown spielen

Nicht nur ihren auserwählten Opfern gilt das fintenreiche Spiel ablenkenden Verhaltens, das im Team arbeitende Taschendiebe treiben, sondern auch den sie beschattenden Fahndern. Zur Irreführung der Gesetzeshüter übernimmt dabei der «Rempler» oder der «Abdecker» die Rolle, «den Clown zu spielen». Er gibt vor, der «Zieher» zu sein, nähert sich mit der vorgetäuschten Absicht, seine Hand nach Beute auszustrecken, einem beliebigen Menschen, ohne die Tat auszuführen. Er macht sich verdächtig und bindet damit die Aufmerksamkeit der Fahnder, so daß der eigentliche «Zieher» unbeobachtet seinen Geschäften nachgehen kann.

Überraschendes Wiedersehen

Christoph Buik, einer der Kölner Bahnpolizisten, macht Ferien in Italien. Als er in Mailand vom Dom auf die Galleria Vittorio Emanuele zugeht, trifft er auf «alte Bekannte», zwei Frauen und zwei Kinder. Strahlend kommt eine der beiden Frauen auf ihn zu: «Ich Dich kennen, Du aus Köln!»

Der Angesprochene, der diese Frau früher schon auf frischer Tat ertappt und festgenommen hatte: «Was macht ihr denn hier in Mailand?» Darauf eine der Frauen: «Hier jetzt im Oktober besser Wetter, nicht so kalt als in Deutschland.»

Die nächste Frage lag nahe: «Hier auch besser zapzerap?»

Die Frau lachte und nickte mit dem Kopf: «Aber nächstes Jahr wiederkommen nach Köln. Köln sehr soziale Stadt.»

Rollentausch

«Haltet den Dieb» schrie eine international gesuchte Wiener Taschendiebin, als sie ein Kriminalbeamter in der Münchner Straßenbahn auf frischer Tat ertappte. Die aufgebrachten Trambahnfahrer konnten nur mit Mühe von dem Taschendiebfahnder überzeugt werden, daß nicht er der Dieb war, sondern die Frau selbst, die ihn des Diebstahls bezichtigt hatte. Auf diese List verfallen auch heute noch Diebe als letzten Ausweg, um sich einer Verhaftung zu entziehen.

August Buchner und «seine Engel»

Zwischen 1948 und 1972 scheiterten in München eine stattliche Anzahl von internationalen Stars des Gewerbes und Hunderte von Langfingern kleineren Formats an den unorthodoxen Methoden von Kriminalhauptmeister August Buchner. Mit seinem Instinkt, Taschendiebe aufzuspüren, war es ihm 1962 gelungen, die Zahl der in den Jahren zuvor als Durchschnittswert gemeldeten Taschendiebstähle auf ein Fünftel zu senken.

Wiederholt griffen Taschendiebe bei August Buchner selbst zu, was für sein Talent spricht, als harmloser Passant zu erscheinen. Unter den Weitgereisten der Zunft mied man schließlich die Isar-Metropole seinetwegen, Warnungen vor diesem «Schrecken der Pickpockets» kursierten von Südamerika bis zum Balkan, nicht nur wegen seiner Spezialbrille mit Spiegeleinsatz, die ihm das Um-die-Ecke-Sehen erlaubte.

Auch beim Faschingstreiben beschattete dieser ungewöhnliche Fahnder «seine Engel». Er ließ sich ein Harlekinskostüm anfertigen, das er rasch abstreifen konnte: «Ich muß mich schnell demaskieren können, sonst glaubt mir keiner den Kriminalbeamten, und ich bin verraten und verkauft.»

Aber 1962 hatte einer aus dem Milieu die Maskerade durchschaut und ihn das auch fühlen lassen:

«Beim letzten Fasching ergriff ein Taschendieb meine lange Pappnase, schnellte sie mir ins Gesicht und schrie: ‹Chef, was soll der Blödsinn? Ein Jeck kann doch kein Kripomann sein...›»

Zwei Globetrotter

Wie sehr man als Taschendieb ein «Mann von Welt» sein kann, demonstrierten beinahe imponierend beim Amtsgericht München zwei distinguierte Herren, denen ihr fingerfertiges «Kunsthandwerk» einen Lebensstil ermöglichte, um den sie manch braver Bürger beneiden dürfte. Antonio S., 55 Jahre alt, und Christovao Alberto C., 62 Jahre alt, beide aus Lissabon, pflegten zur Ausübung ihres Berufs Massenveranstaltungen in aller Herren Länder zu besuchen. Dabei war ihnen kein Weg zu weit und keine Flugreise zu teuer. Mal waren sie in New York, mal in London, dann wieder in Paris oder in Rom. Sie erlebten die englische Königskrönung und die glanzvolle Fürstenhochzeit in Monaco, sie waren Zuschauer bei den Olympischen Spielen in Melbourne und sahen sich das Autorennen in Le Mans an. Offenbar kamen sie überall auf ihre Kosten, wenn sie auch dabei immer wieder die Gefängnisse der besuchten Länder kennenlernen mußten. Vier Wochen arbeiteten die Diebe auf der Weltausstellung in Brüssel, bevor sie nach München eilten, um das Oktoberfest wahrzunehmen. Zweimal zauberten sie hier mit virtuosen Griffen Brieftaschen und Geldbörsen aus fremden Anzügen. Nun können sie den deutschen Strafvollzug mit dem der anderen Länder vergleichen.

Erzählt von Kriminalhauptmeister a. D. August Buchner, der sie in München festgenommen hat.

Jeden kann es treffen

Ach, mein liebes Geld. Mein liebes
Geld, mein bester Freund! Man
hat dich mir gestohlen. Meine
Stütze habe ich verloren, mein
Trost und meine Freude.

Molière

Wer zum stündlich größer werdenden Kreis jener gehört, die
von der heimlichen Zunft als bestehlenswert erachtet wurden, befindet sich in bester Gesellschaft. Und die Glücklichen, die sich noch nie in der Rolle des Opfers fühlen mußten, werden zugeben, daß es ihnen durchaus genauso hätte
ergehen können. Bevor ihnen Geld oder Wertsachen abgeknöpft wurden, waren alle Betroffenen arglos genug, im entscheidenden Augenblick nicht an eine sie gefährdende Situation zu denken. Erst später begriffen sie, daß irgendeine
Form von Ablenkung mit im Spiel war. Auch hat niemand
der Bestohlenen die fremde Hand in der eigenen Tasche je ge-
spürt.

Daß die meisten der Opfer ihre Barschaft an einer einzigen
Stelle mit sich führten, sei nachdrücklich angemerkt. Nur
deshalb konnte es zum Ungemach des «Alles auf einmal»
kommen.

Zu den Geschädigten gehören namhafte Persönlichkeiten,
allemal kluge Köpfe. Man mag es als gewissen Trost empfin-
den, daß sie der Beutegriff ebenso unerwartet traf. Manche
der Opfer haben ein treffliches Exempel in Sachen Lebens-
kunst abgegeben: Lichtenberg und Stendhal, Brod und Majakowski zum Beispiel. Sie haben sich wie Jünger der stoischen

Philosophenschule verhalten, die für derlei Mißgeschick immer noch die wirksamsten Tröstungen bereithält.

Georg Christoph Lichtenberg in London

Auf Einladung von König Georg III. weilte dieser kluge und witzige Kopf von September 1774 bis April 1775 in England. Er lebte, ausgestattet mit einem wahrhaft fürstlichen Geldbetrag, in der ländlichen Residenz Kew. Es war die Zeit, in der London im Ruf stand, das «Diebesnest Europas» zu sein. George Barrington und Elizabeth West und Tausende namenlose Pickpockets trieben ihr Unwesen.

Unter dem 28. Dezember 1774 notierte Lichtenberg in sein Tagebuch: «An eben diesem Tage wurde mir mein Schnupftuch aus der Tasche gezogen in dem Strand Abend um 8 Uhr.» Anschließend speiste er in «St. Clements Coffee» zur Nacht, wo er mit einem englischen Autor am gleichen Tisch saß: «Ich konnte mich kaum des Lachens enthalten.»

Wenig später, am 10. Januar 1775, stellte er sich die Aufgabe, ein Herzstück der englischen Metropole genau nach dem Leben zu schildern. Er wählte sich dafür Cheapside und die Fleetstreet abends kurz vor acht Uhr:

«... dann sehen Sie ein Lustfeuer von Hobelspänen etagenhoch auflodern in einem Kreis von jubilierenden Betteljungen, Matrosen und Spitzbuben. Auf einmal ruft einer, dem man sein Schnupftuch genommen: Haltet den Dieb! und alles rennt und drückt und drängt sich, viele, nicht um den Dieb zu haschen, sondern selbst vielleicht eine Uhr oder einen Geldbeutel zu erwischen.»

Bewundernswürdig vor allem, mit welchem Gleichmut der Weise aus Göttingen seine eigene Rolle als Opfer der Langfinger kommentiert, denen trotz seines hochentwickelten Instinkts für die von ihnen ausgehenden Gefährdungen wiederholt der Zugriff geglückt war:

«... Ich folgte allzeit dabei dem ersten Eindruck, den der Anblick eines Mob oder einer Gesellschaft auf mich macht, dieser belehrt mich bald, ob ich ohne Gefahr untertauchen kann oder nicht, und ich betrüge mich alsdann selten, unterdessen habe ich ein Schnupftuch und ein silbernes Petschaft eingebüßt, denn es ist bei einer einzigen Seele nicht möglich oft zugleich über die Haut und die Taschen zu wachen und Beobachtungen anzustellen.»

Der Neutestamentler in Jerusalem

Voller verklärter Gedanken an das himmlische Jerusalem besuchte ein dem Jesuitenorden angehörender Theologieprofessor die heiligen Stätten der Christenheit. Um 15 Uhr hatte er zu einem ersten Weg das Hotel verlassen. Als er vier Stunden später zurückkehrte, entdeckte er, daß man ihn total ausgeplündert hatte. Und er hatte überhaupt nichts gemerkt, niemand war ihm nahe gekommen.

Später ging dem Gottesmann ein Licht auf, wann es passiert sein mußte. Es war wohl jener flüchtige Moment gewesen, als er an einem der Stadttore so herzlich auf ihn umtanzende, umspielende Kinder einging; sie hatten durch ihr Spiel für die ideale Form der Ablenkung gesorgt. Denn hinter sich konnte er nicht sehen, sonst hätte er bemerkt, wie ein gewandter kleiner Bursche mit behendem Griff seine Brieftasche aus der rückseitigen Hosentasche fingerte.

Ganz sicher wird der kluge Gelehrte nie wieder seine ganze Barschaft an nur einer Stelle deponieren. Auch wird er nichts mehr in die besonders gefährdete Gesäßtasche stecken.

Stendhal auf der Messe von Beaucaire

Henry Beyle, bekannter unter seinem Pseudonym Stendhal, bereist im Sommer 1837 Südfrankreich. Am 27. Juli besucht er die Verkaufsmesse von Beaucaire. Überwältigt von diesem riesigen Markt, der Händler und Käufer aus vielen Ländern Europas und Nordafrikas anzog, begibt er sich in das tosende Getümmel, der Dichter verloren in der Menschenmenge, die sich durch die Straßen des sonst so verträumten Städtchens drängt, am Ufer der Rhône und auf der Festwiese die Verkaufsstände umlagert. In seinen «Mémoires d'un Touriste» hält er fest:

«Von einer solchen Menschenmenge, einem solchen Gewühl kann man sich in Paris keine Vorstellung machen. Nach stundenlangem neugierigen Herumbummeln erholte ich mich dann von meinem Erstaunen: Ich wollte mein Taschentuch ziehen und es war verschwunden, ebenso wie der ganze übrige Inhalt meiner Taschen. In Beaucaire vernimmt man fortwährend die verschiedensten Sprachen und Dialekte, und wahrscheinlich hat man mich ausgeplündert, während ich voller Selbstgefälligkeit zu verstehen suchte, was ein schöner Katalane von mir wollte, der mich auf den Abend zu einem Ball einlud. Übrigens hätte ich nicht mit weniger Unannehmlichkeit bestohlen werden können: Drei Schritte weiter fand ich ein Taschentuch in einem Laden.»

Diplomatenpech im Kaiserdom

Die ihrem Berufsstand gewährte Immunität schützt Diplomaten vor mancherlei Zugriffen, nicht aber vor dem der Langfinger. Das mußte im Sommer 1990 ein in Bonn akkreditierter Botschafter auf bedauerliche Weise in Aachen erfahren.

106

Mit seiner Frau war er in der alten Kaiserstadt unterwegs, sie kamen in den Aachener Dom, wo sie im kuppelüberwölbten Oktogon vor dem Marmorthron Karls des Großen verweilten. Aufmerksam betrachteten sie die Kostbarkeiten der geschichtsträchtigen Stätte, den Goldenen Altar, den Barbarossaleuchter und den Karlsschrein, nicht ahnend, daß sie dieser Kunstgenuß teuer zu stehen kommen sollte.

Wenig später nämlich bemerkten sie, daß ihnen 3000 Mark gestohlen worden waren. Diesen Betrag hatte der Diplomat vor dem Dombesuch auf einer Aachener Bank abgehoben und ihn seiner Frau gegeben, die ihn – mit Sicherheit etwas zu sorglos – in ihre Handtasche steckte. Ach ja, da war doch beim Eintritt in den Dom dieses kleine Gedränge gewesen, das man nicht weiter beachtet hatte. Die Erfahrung lehrt, daß dies der Augenblick des Zugriffs gewesen sein muß. Wo das Geld zu holen war, das hatte einer aus dem Diebes-Team schon in der Kassenhalle der Bank ausgespäht. Gemeinsam brauchten sie sich nur noch an die Fersen ihrer Opfer zu heften und die günstige Gelegenheit zu arrangieren ...

> Mir wurde eine Uhr im Wert von 100 Dollar gestohlen. Bringt der Dieb sie zurück, so wird er unentgeltlich darüber informiert, wo er eine doppelt so wertvolle Uhr stehlen kann. Fragen werden nicht gestellt.
>
> Abraham Lincoln

Diese Anzeige erschien im *New York Herald*. Abraham Lincoln hatte sie aufgegeben, nachdem ihm seine Uhr während einer Zusammenkunft der Küfer-Vereinigung in New York gestohlen worden war, auf der er als Ehrengast gesprochen hatte.

Bibliothekar auf römischem Trödelmarkt

Der mit alten Büchern und seltenen Handschriften wohlvertraute Grazer Bibliothekar Dr. Hans Zotter plante bei meinem letzten Besuch eine Studienreise nach Italien. Ich warnte
ihn vor mancherlei gängigen Praktiken der aktuell operieren-
den Taschendiebe, auch vor den zahlreichen Kinderbanden,
die sich in den europäischen Metropolen an ahnungslose Touristen heranmachen, um ihre geschwinden Finger in deren Taschen spielen zu lassen, noch bevor jene überhaupt begriffen
haben, was mit ihnen geschieht.

Ein Vierteljahr später erhielt ich von ihm diese Nachricht:

«Auf meiner Reise im Frühjahr wäre ich beinahe selbst Opfer dieses Berufes geworden. In Rom auf dem Trödelmarkt an
der Porta Portese umringten mich bettelnde Kinder, die mir
Kartons mit diversen mitleidheischenden Texten entgegen-
hielten. Diese Kartons dienten aber auch dazu, die in die
Tasche langende Hand zu verdecken! Meine Geldbörse war
schon einen guten Meter von mir entfernt, als sich jemand in
meiner Begleitung (die ich zuvor eingehend vor dieser Gefahr
gewarnt hatte!) auf den verblüfften Dieb stürzte und ihm seine Beute entriß!»

Bruckner vergießt Tränen

26. Juli 1882: Eröffnung der Zweiten Bayreuther Festspiele
mit der Uraufführung von «Parsifal». Zum illustren Kreis der
Gäste an diesem Abend gehörten Lou Andreas-Salomé, Eli-
sabeth Nietzsche, Camille Saint-Saëns, Franz Liszt, Anton
Bruckner und der junge Gustav Mahler.

Mit Tränen in den Augen verließ Anton Bruckner in der
Pause nach dem zweiten Akt das Festspielhaus. Franz Liszt
sah ihn, ging freundlich auf ihn zu und erkundigte sich voller

Mitgefühl: «Mein lieber Doktor Bruckner, hat das große Werk sie so tief gerührt?»

«Gerührt?», entgegnete Bruckner grimmig. «Ach, Unsinn! Aber hier treiben sich Hunderte von Taschendieben herum, und einer dieser Schurken hat mir meinen ledernen Geldbeutel gestohlen, der mein ganzes Geld enthielt, und jetzt kann ich nicht einmal meine Hotelrechnung bezahlen.»

Und wieder stiegen ihm Tränen in die Augen. Liszt nahm mit würdevoller Grandezza seine Brieftasche heraus und unterschrieb lächelnd einen Scheck, den er dem Meister reichte. Mit vielen Verbeugungen entfernte sich Anton Bruckner und ging zum dritten Akt ins Festspielhaus zurück.

Früh übt sich ...

Karl Rothschild, Sohn des Gründers der Bankierdynastie Mayer Amschel Rothschild, wurde einmal von einem Taschendieb bestohlen. Ein Bekannter bedauerte ihn deswegen. Aber er wurde von dieser Antwort des Bestohlenen überrascht: «Lassen Sie ihn doch – wir haben alle einmal klein angefangen!»

Ein Mathematiker in Spanien

Gründlich hatte er sich auf sein Traumziel Andalusien vorbereitet. Auf der Anreise hatte er sich einen Tag absichtslosen Flanierens in Barcelona gegönnt: unterwegs in den schmalen Straßen der Altstadt, hinauf mit der Standseilbahn zum Castilio Montjuich mit dem bezaubernden Blick auf Stadt und Meer, später in ein katalanisches Spezialitätenrestaurant zu wohlverdienter Stärkung. Und da erst merkte er, daß ihm Entscheidendes abhanden gekommen war – nicht ein Teil, sondern das Ganze: runde 10 000 Mark, zwei Scheckkarten

Ausgeplündert!
Zeichnung von Cham in Le Charivari, 1857

dazu, die persönlichen Papiere. Und er erinnerte sich, daß er
eine Brunnenfigur betrachtet hatte, als ihn ein freundlicher
Herr ansprach und ihn auf eine Verschmutzung seines
Jacketts aufmerksam machte. Der Hilfreiche empfahl, in das
nächstgelegene Restaurant zu gehen, wo der Betroffene sein
Jackett auszog und hochhielt, während andere es reinigten.

Der Beschmutzungstrick, wieder einmal! Der Mathematiker gelangte noch nach Andalusien, vier ganze Tage war er dort. Aber die Freude war ihm verdorben. Er reiste zurück.

Max Brod: Kein Aufhebens um die gestohlene Uhr

Wenige Tage nur ist Max Brod im November 1909 in Paris. Seine Notizen darüber zeugen von der Hektik, mit der er in der Stadt unterwegs war. Gedankensplitter sind das, Impressionen, kaum mal ein ganzer Satz dabei, Erinnerungsstützen für später. Doch unüberlesbar sein waches Bewußtsein für das, was ihm in der Metropole passieren könnte: «die Gefahren und Schwindel von Paris!», merkt er an, als er im Omnibus zwischen Louvre und Montmartre unterwegs ist. Wenig später realisiert er, daß es ihm gelten könnte, daß er auf der Hut sein muß: «... an wie viel Brandung vorbei – Hände in den Taschen – Winter! – Im Sommer auch!»

Aber der aufmerksame Beobachter Dr. Brod aus Prag kann nicht ständig nur an seinen Besitz denken, muß einmal die Hände aus den Taschen nehmen. Zwei Tage später jedenfalls, am 8. November, ist es geschehen. Nicht zu lokalisieren, wo der Tireur zugegriffen hat, ob vor den Originalen van Goghs, im Justizpalast oder auf dem graupolierten Eichenholz der Rollschuhbahn:

«Uhr gestohlen», steht da unvermittelt in seinem Tagebuch, kein Wort mehr über diesen Vorfall. Er macht kein Aufhebens von der ärgerlichen Überlistung durch einen Taschendieb. Er notiert das Faktum nur beiläufig, zählt es gelassen jenen Widerwärtigkeiten zu, die jedes Unterwegssein für den Reisenden bereithält.

Die Graphikerin im Berliner Kaufhaus

Mehr zufällig bemerkte die aus dem Rheinland nach Berlin gereiste Graphikerin Ingrid N. in der Buchabteilung eines Berliner Kaufhauses, daß Willy Millowitsch gerade eine Signierstunde abhielt. Geduldig stellte sie sich in die Reihe der auf eine Unterschrift Wartenden, mit einem Buch des kölnischen Volksschauspielers wollte sie ihrer Schwiegermutter eine Freude machen.

Im Hotel vermißte die Frau ihre Geldscheintasche, die man ihr später im Fundbüro des Kaufhauses zurückgeben konnte. Eine Verkäuferin hatte sie auf einem Bücherstapel entdeckt. Alles – bis auf 600 Mark Bargeld – war noch drin, Flugkarte, Ausweise und auch die Eintrittskarte für das am gleichen Abend stattfindende Theaterstück mit Grethe Weiser.

Aber so recht konnte sie das Lustspiel nicht darüber hinwegtrösten, daß sie ausgerechnet in ihrem geliebten Berlin überlistet worden war.

Wladimir Majakowski: «Hauptsache – in meinem Lebensplan nichts ändern»

Im Frühsommer 1925 steht Wladimir Majakowski am Beginn einer Weltreise. In Paris ist er im schlichten Hotel d'Istria am Montparnasse abgestiegen. Eines Morgens holt ihn die Schriftstellerin Elsa Triolet ab. Er zieht sein Jackett an und will sich vom Vorhandensein der Brieftasche überzeugen. Es ist der schockartig erlebte Griff ins Leere. Elsa Triolet erinnert sich, nie einen Menschen in solch verzweifeltem Zustand je gesehen zu haben.

Die Brieftasche mit 25 000 Franken – seine ganze Reisekasse – und allen Papieren ist ihm gestohlen worden. Der Dieb, den Spuren nach ein berüchtigter Spezialist seines Faches, hatte sich im Zimmer gegenüber von Majakowski eingemietet und offenbar zugegriffen, als dieser für wenige Augenblicke die Toilette aufsuchte, und sogleich fluchtartig das Hotel verlassen.

Aber der Schock hält nicht lange an: «Hauptsache – in meinem Lebensplan nichts ändern», sagt der Dichter zu Elsa Triolet schon auf dem Weg zur Polizei. Seiner Freundin Lilja Brick schreibt er wenige Tage später nach Moskau: «Ums Geld traure ich junges Blut nicht übermäßig. Doch der Gedanke, die Reise abzubrechen und wieder als der Dumme heimzukehren, machte mich rasend.»

Tatsächlich kehrt er nicht um wie andere Reisende in ähnlicher Lage. Sein Verlag, Freunde und Bekannte leihen ihm Geld, so daß er am 21. Juni 1925 an Bord der «Espagne Transatlantique» wie geplant nach Mexiko, der nächsten Station seiner Reise, aufbrechen kann.

Father Tom Kennedy in Bombay

Auch in Indien geben sich die Langfinger auf den Flughäfen ein Stelldichein, Father Tom Kennedy aus den Vereinigten Staaten hat es bald nach Ankunft in Bombay zu spüren bekommen. Aber wie verwundert war er, als er entdecken mußte, daß man ihm aus seiner Reisetasche außer einigen bunten Kugelschreibern lediglich sein Brevier entwendet hatte. Als sein indischer Glaubensbruder die Polizei benachrichtigen wollte, lehnte Father Kennedy ab: «Um Himmelswillen, lieber Mitbruder, tun Sie das nur nicht. Gelobt und gepriesen sei das Land, in dem man noch Gebetbücher stiehlt!»

Gesetzeshüter im Intercity

Vier Kölner Bahnpolizisten waren im Intercity unterwegs nach München, wo sie in der Bahnpolizeischule einen Lehrgang zum Thema «Erkennen und Observieren von Taschendieben» absolvieren sollten. Die in Zivil reisenden Männer vertrieben sich die Zeit mit Kartenspielen.

Fahrkartenkontrolle, kurz nachdem der Zug den Frankfurter Hauptbahnhof verlassen hat. Einer der Beamten greift vergeblich nach seiner Brieftasche, man hat sie ihm gestohlen. Später erhielt er sie zurück. In einem bahnhofsnahen Frankfurter Hotel wurde sie vom Hausdiener in einem Papierkorb entdeckt, die Ausweispapiere waren noch drin.

Für den Taschendieb war das eine Routineangelegenheit: In Frankfurt stieg ein Herr ein, so erinnerten sich die Beamten, der seinen Mantel dicht neben das Jackett des Opfers hängte. Er ging weg und erschien kurz vor Abfahrt des Zuges wieder und nahm den Mantel ab. Man schenkte dem keinerlei Beachtung. Daß dabei die Brieftasche gezogen wurde, war den vier Bahnpolizisten später klar.

Einschlägig unterwiesen, hätte auf der Rückreise vom Lehrgang so etwas kaum passieren können . . .

Heiligabend in Paris

«Vor Mitternacht ging ich in die Madeleine, wo die Menschenmenge fast den Blick auf die heilige Handlung verwehrte. Die wehmütigen alten Damen, eine feine Weihnachtsgesellschaft, die aus den besten Quartieren herbeigeeilt war, wurden scharenweise von geschickten Dieben geplündert, und sie gaben sich dem so geduldig hin, als handelte es sich um eine weihnachtliche Wohltätigkeitsgala.»

Martin Kazmaier, 1985

Patentlösung

Karl Valentin, der unvergessene Münchner Komiker, hatte seine Uhr an einen Taschendieb verloren. In seiner Wohnung besaß er noch eine stattliche Wanduhr. In stoischer Gelassenheit tröstete er sich: «Wann i jetzt morgens ausgeh», sagte Valentin, «dann schau i mir meine Standuhr recht lange an – recht lange: damit i mir die Zeit für den ganzen Tag merken tu . . .!»

Taschendiebe sind Menschenkenner

Der Taschendieb wählt sich vor der Tat sein Opfer sorgfältig aus. Kriterien für die Selektion der Opfer sind:
– psychische Verfassung des Opfers
– zu erwartender physischer Widerstand von seiten
  des Opfers
– Höhe der zu erwartenden Beute
Dementsprechend bevorzugt er Opfer, die ihm durch Unsicherheit, Unerfahrenheit, Vertrauensseligkeit, Gedankenlosigkeit, Nachlässigkeit, Unaufmerksamkeit oder durch besondere Ausnahmesituationen auffallen. Regelmäßig entstehen solche Bedingungen durch Reisefieber, Eile beim Einkauf, Abschiedsstimmung, im Gedränge und Durcheinander oder in Sorge um Kinder usw.

Da auch jeder professionelle Täter einkalkulieren muß, daß seine Tat bemerkt wird, sucht er sich überwiegend Opfer, die ihm körperlich unterlegen sind, was ihm die Chance der Flucht erhält. Physische Gebrechen des Opfers, wie Seh-, Hörschwäche, Gehbehinderung werden konsequent ausgenutzt.

Äußerlich erkennbare Faktoren, wie exklusive Garderobe oder Gepäckstücke, auffälliger Schmuck oder Kauf von

Wertgegenständen, wecken durch eine hohe Beuteerwartung einen zusätzlichen Tatanreiz.

Opfer des Taschendiebstahls sind zu ungefähr 80% Frauen, vorwiegend im Alter zwischen 20 und 60 Jahren. Das Alter der männlichen Geschädigten liegt überwiegend über 40 Jahren. Frauen halten sich häufiger an den für Taschendiebstahl relevanten Orten auf, Kaufhäuser, Märkte usw. Ihre meist in der mitgeführten Handtasche aufbewahrte Geldbörse ist einfacher zu stehlen als das in Gesäß- oder Jackeninnentasche verstaute Portemonnaie eines Mannes.

Kriminaloberkommissar Frank Hellmuth

Wie man sich vor Taschendieben schützt

Gerade in der Nähe ihrer
Brieftasche
sind die Menschen besonders
empfindlich.

Stefan Zweig

Ein Mensch, der alle Tricks und Schliche der Diebe kennt, ein Mensch, der sich durch keine auch noch so ungewöhnliche Situation vom Inhalt seiner Taschen ablenken läßt – dieser Mensch könnte kein Opfer der Diebe werden. Aber welch ein beklagenswertes Leben würde diese Idealgestalt des Unbestehlbaren führen! Für ihn gäbe es kein absichtsloses Verweilen, kein verträumtes Stündchen in einer fremden Stadt, keine Lust am Augenblick, der das Unerwartete offenbart.

Immer und überall wird es Diebe geben, die ihre Hände zu emsiger Tätigkeit ermuntern. Allenthalben haben sie die Chance, fündig zu werden. Aber wir sollten es den Taschendieben nicht zu leicht machen, nicht erst Lehrgeld zahlen, nicht allzu arglos sein. Wie man ihrem Zugriff zuvorkommen kann, darüber ist hier einiges mitgeteilt.

Abwehrmaßnahmen

«Mißtrauet jenen Menschen, die, wenn die Menge aus der Kirche strömt, unbedingt versuchen, hineinzugelangen. Verschließen Sie Ihre Westentasche, tragen Sie niemals eine Börse bei sich! Eine Börse ist der unnützeste Gegenstand, den man sich denken kann. Man kann sie nämlich verlieren und damit alles, was sich darin befindet.»

Dieser kluge Rat stammt von einem Franzosen, der das Metier von beiden Seiten her kannte, François Vidocq. Nacheinander war dieser ungewöhnliche Mann Soldat, Schmuggler, Mitglied von Räuberbanden, Bagno-Sträfling und Geheimagent. Am Ende seiner abenteuerlichen Karriere hatte er es bis zum Chef der Sicherheitsbrigade gebracht, der Sûreté.

Experten raten heute zu ganz simplen Maßnahmen: in die Tasche mit der Geldbörse sollte man sich ein paar Nüsse

Pferderennen erfreuten sich bei Taschendieben immer schon großer Beliebtheit. Vor allem die Spitzenkönner gaben sich hier ein Stelldichein. Die wohlhabenden Besucher der Rennplätze, abgelenkt durch das spannende Ereignis, waren leicht auszunehmende Opfer.

stecken; beim Diebstahl rollen sie heraus und erregen Aufmerksamkeit.

Ein ähnliches Alarmsignal geben einige Münzen ab, die zwischen zusammengefalteten Geldscheinen in der Tasche liegen.

Die vorderen Hosentaschen sind übrigens ein sicherer Aufbewahrungsort: der Taschendieb wird sich hüten, in sie hineinzugreifen.

Mengen von finsteren Gestalten

Am 11. Dezember 1920 konnte man in *The Toronto Star Weekly* diese von Ernest Hemingway gekabelte Notiz lesen:

«Tatsächlich hat es diesen Sommer und Herbst in Paris mehr finstere Gestalten gegeben als je zuvor. Es heißt, daß man in Longchamps, der berühmten Rennbahn draußen vor Paris, nur einen Stein in die Menge vor dem Totalisator zu werfen brauche, und man treffe einen Taschendieb, Killer oder Scharfschützen aus den Staaten.»

Mengen von Tireurs müssen in den zwanziger Jahren die französische Metropole unsicher gemacht haben. Die Gescheiten dachten sich alle möglichen Listen aus, den Dieben das Handwerk zu erschweren, die Verlegerin Harriet Weaver zum Beispiel, großzügig in ihren Zuwendungen an James Joyce, der damals in Paris lebte: als sie ihn von London kommend besuchte, hatte sie ihre gut gefüllten Geldtaschen unter ihrem Rock mit Lederriemen festgemacht.

Sicherheitsnadel als nützliches Accessoire

Den größten Verdruß bereitet einer Diebeshand die mit einer Sicherheitsnadel verschlossene Innentasche. Treffen die Fingerspitzen des Diebes auf dieses Hindernis, ziehen sie sich rasch zurück. Dieser «Sicherheits-Taschenverschluß» wird

von der *Chicago Tribune* für jede Fahrt mit der U-Bahn emp-
fohlen.

Diese Schutzmaßnahme hat Tradition: Die schwerreichen
südamerikanischen Viehzüchter sicherten nach dem Verkauf
der Tiere auf diese Weise ihre Geldbündel.

Unter gescheiten Leuten muß sich dieser Abwehrtrick her-
umgesprochen haben. Jérôme Savary, heute einer der erfolgreichsten Theatermacher Europas, hatte sich als Schüler li-
stenreich ein Sprachstipendium für die Vereinigten Staaten
erschlichen. In seinen Memoiren erwähnt er, was seine be-
sorgte Mutter vor seiner Abreise aus Frankreich machte:

«Meine Mutter, die doch sehr in Sorge darüber war, mich mit
meinen vierzehn Jahren allein nach Amerika reisen zu sehen,
hatte in die Innentasche meines Jacketts einen ziemlich dicken
Umschlag mit Zehndollarscheinen gesteckt, für den Fall, daß
. . . Und ihn sogar mit einer Sicherheitsnadel befestigt.»

Fred Marcus

«Vor Taschendieben wird gewarnt!»

Nichts ist Taschendieben willkommener als ein Schild mit diesem warnenden Hinweis. Es erspart ihnen die Mühe des heimlichen Abtastens ihrer Opfer im Gedränge oder des Ausspähens in einem Kreditinstitut.

Die Fragwürdigkeit derartiger Mahnungen ist den Kriminologen seit Jahrzehnten bekannt. Denn die meisten Menschen, die solche Schilder sehen, fühlen instinktiv dorthin, wo sich ihre Barschaft befindet. Sieben von zehn Menschen vollführen diese ihnen selbst unbewußte Geste, hat man in Amerika herausgefunden.

Nachdem das Opfer ungewollt die entsprechende Tasche signalisiert hat, heftet sich der Dieb so lange an seine Fersen, bis er im günstigen Moment oder während einer von seinen Komplizen eigens arrangierten Ablenkung zugreifen kann.

Gleiches gilt, wenn man heute irgendwo Ausrufe hört wie: «Haltet den Dieb!» oder auch «Ich bin bestohlen worden!»

«Haltet den Dieb».

Auf gar keinen Fall dorthin fassen, wo die Brieftasche sitzt. Mindestens ein Augenpaar wartet nur darauf, daß Sie das *Wo* Ihres Geldes verraten.

Unsere Gesten verraten uns
Michel de Montaigne

Watch and pray

A devout gentleman being very earnest in his prayers in the church, it happened, that a pickpocket, being near him, stole away his watch, who, having ended his prayers, missed it, and complained to his friend that his watch was lost while he was at prayers; to which his friend replied, «Had you watched as well as prayed, your watch had been secure», adding these following lines:
He that a watch will wear, this must he do,
Pocket his watch, and watch his pocket too.

«A drawing-room jest book.» London 1848

Lucien Guitry und die ältere Dame

Immer auf der Hut vor Taschendieben war auch Lucien Guitry, ebenso beliebt und gefeiert als Schauspieler wie als Verfasser von 130 erfolgreichen Lustspielen für die Boulevardtheater. Als er die Weltausstellung von 1900 besuchte, bat ihn eine ältere Dame: «Monsieur, würden Sie mir Ihre Hand geben und mir helfen, die Treppe hochzusteigen?» Der schöne Guitry, verlegen und errötend, kam dieser Bitte nach. Auf der letzten Treppenstufe angekommen, verabschiedete er die Dame und wandte sich an den Schriftsteller Jules Renard, der ihn begleitete: «Ich muß nachschauen, ob ich meine Uhr noch habe, denn so geht es meistens aus.»

Geld in der Gesäßtasche: Einladung zur Selbstbedienung

Sich das Geld in die rückwärtige Hosentasche zu stecken, kommt einer Aufforderung an den Taschendieb zur mühelosen Selbstbedienung gleich. Häufig braucht der Dieb nicht einmal zu rempeln oder abzulenken, denn die hervorlugende Brieftasche macht es dem Zeige- und Mittelfinger leicht, sie herauszuangeln. Oft geschieht dies unter Deckung eines über den Arm getragenen Wettermantels. Des Diebes Helfer geben «Nebeldeckung», sie vertuschen dessen Bewegungen, viel-

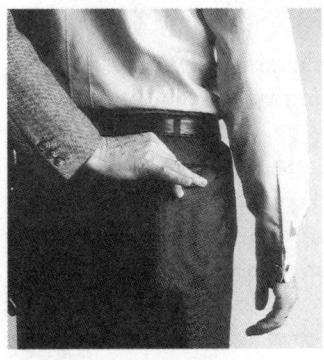 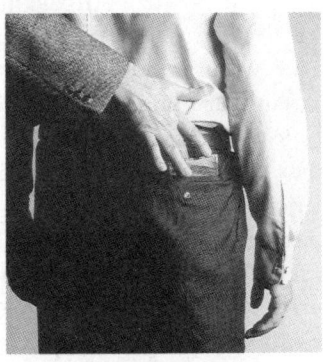

Die Gesäßtasche wird geöffnet...   *die Hand fährt hinein...*

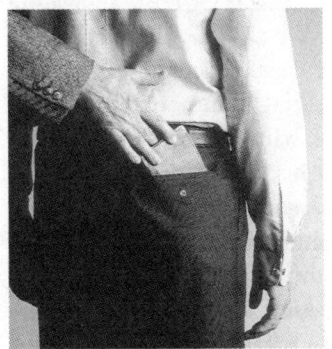 

und zieht mit geschicktem Griff...   *die Brieftasche heraus.*

leicht legt einer von ihnen sogar seine Hand auf die Schulter des Opfers oder tritt ihm auf die Zehen, um die Aufmerksamkeit von der Hand in seiner Gesäßtasche abzulenken. Ein amerikanischer Berufstaschendieb offenbarte, daß er zum Griff in die Gesäßtasche des Opfers seinen ganzen Körper versteife und sich leicht von den Zehen aus abhebe, damit seine Hand unbemerkt in die Tasche tauchen und Börse oder Brieftasche ergreifen könne. Und auch, daß Könner immer nur mit dem Handrücken zum Körper des Opfers diesen Griff wagen.

Angeleinte Brieftasche

Auf verblüffend einfache, wohlüberlegte Weise löste ein 80jähriger Frankfurter für sich das Problem, die Mainmetropole ohne Furcht vor Taschendieben durchwandern zu können. Mit einer zwei Meter langen Schnur befestigte er seine Brieftasche innen an seinem Jackett. Diese Sicherheitsmaßnahme funktionierte vorzüglich: unmittelbar nach dem mißglückten Zugriff versuchte ein marokkanischer Taschendieb zu fliehen. Vergeblich, denn alle Passanten in der Nähe wurden auf das diebische Geschehen aufmerksam, hatte der schlaue Rentner doch ein Glöckchen in die Schnur eingeknüpft, das vernehmlich anschlug, als der Dieb die angeleinte Brieftasche aus der Jacke zog.

Spätes Sicherheitsbedürfnis

Karel W. ist ein sehr alter Dieb. Er lebt heute, 76 Jahre alt, von der öffentlichen Fürsorge. Gelegentlich geht er aber noch auf weite Reisen. Naserümpfend kanzelte er vor einem Jahr die jungen Leute ab: «Haben nix gelernt, feines Klauen. Hatten wir bessere Schule.» Seine Geringschätzung des Nachwuchses ist unverständlich. Schließlich war es ein Anfänger, der ihm vor drei Jahren in Amsterdam, als Karel mit beiden Händen beschäftigt war, die Brieftasche klaute, heimlich und unbemerkt, wie es sich gehört. Seither trägt Karel nur noch Sicherheitsanzüge, die ein bekanntes Kaufhausunternehmen mit dem Slogan: *«Taschendiebe mögen diesen Anzug nicht»* verkauft.

Mitgeteilt von Hermann Kalleicher, der als Hamburger
Taschendiebfahnder früher wiederholt «polizeiliche Kontakte»
mit Karel W. hatte.

*Eine in Philadelphia entwickelte Sicherheitsvorrichtung, die den
Diebstahl einer Uhr unmöglich machte*

Sie waren auf alles gefaßt

Fünf Stunden währte am 24. Dezember 1667 die Weihnachts-
liturgie in der Kapelle von Whitehall. Königin Katharina war
zugegen, begleitet von ihren Hofdamen. Auch Samuel Pepys
war dort. Wie immer beobachtete er genau, um alles für sein
Geheimtagebuch festhalten zu können. Von Bettlern und
Dienern bis zu den feinen Damen, übereifrigen Papisten und
auch Protestanten ist da die Rede – sie sind Teil einer riesigen
Menschenmenge, die sich in die Kirche hineingedrängt hatte.
Und auch das hält der Diarist fest: «Hatte große Angst vor Taschendieben.»

Theodor Fontane weilte im Frühherbst 1856 zehn Tage in
Paris. Offensichtlich brachte ihn die spürbare Präsenz der
«Zieher» um seine Gelassenheit. Verwunderlich genug, denn
diese Tage waren ein Atemholen von seinem mehrjährigen
Aufenthalt in London, wo es damals nur so von Pickpockets
wimmelte. Fontane empfand Paris als räuberhafte, als unsi-
chere Stadt. Und so schrieb er am 16. Oktober seiner Frau:
«Überall, das sei noch extra hervorgehoben, bemerke ich etwas Diebshöhlenhaftes ...»

Zu den sangesfrohen Teilnehmern des 42. Niederrheinischen Musikfestes gehörte im Juni 1865 als Chorsänger auch
Nietzsche, damals Student der Theologie und klassischen Phi-
lologie in Bonn: «Am Freitag reiste ich nach Köln herüber zum
niederrheinischen Musikfest. Ein unendliches Sprachen- und
Trachtengewirr, ungeheuer viel Taschendiebe und andere
Schwindler – alle Hotels bis in die entlegensten Räume gefüllt –
die Stadt auf das Anmutigste mit Fahnen geschmückt ...»

Samuel Pepys, Theodor Fontane und Friedrich Nietzsche
wurden nicht zu Opfern von Taschendieben. Ihr wacher
Instinkt für gefährdende Situationen ließ den Dieben keine
Chance. Die Bewußtseinslage: «Hier könnte man bestohlen
werden» ist immer noch der beste Schutz.

Brutalisierung der Szene

*Der Dieb wird zum Räuber, wenn
er mit Anwendung von Gewalt
gegen Personen stiehlt.*
Erich Wulffen

Handtaschenraub

Als die Mitglieder der «Lietzensee-Kolonne» um 1930 im
Berliner Tiergarten die Handtaschenräuberei von den Beifah-
rersitzen der Kabrioletts aus betrieben, da erregte das großes
Aufsehen. Diese moderne Variante der Straßenräuberei hatte
damals noch Seltenheitswert. Heute gehört sie leider zum
Alltag in unseren Städten. Auch in den Touristenzentren Europas und Amerikas sind die neuzeitlichen Wegelagerer ständig aktiv. Auf ihren Zweirädern – mit und ohne Motor – fahren die meist jugendlichen Diebe nahe an ihren Opfern vorbei
und entreißen ihnen dabei die Handtaschen. Gnadenlos wird
zu Fall gebracht, wer versucht, sein Hab und Gut zu retten.
Schon manche Frau mußte anschließend ärztliche Hilfe in
Anspruch nehmen.

*Als Warnung vor den zahlreichen Abreiß-Diebstählen war 1931
eine Reportage in «Scherls Magazin» gedacht: Die an ahnungslosen Opfern durchgeführten kriminalistischen Experimente
bewiesen die Leichtfertigkeit der Großstädter im Umgang mit
der eigenen Barschaft; für Banden wie die berüchtigte «Lietzensee-Kolonne» stellte sie nachgerade eine Herausforderung dar.
(zu Seite 128/129)*

Verbrecher

Kriminalistische Experimente für
„Scherls Magazin" von Dr. Thoma

Sonderaufnahmen für „Scherls Magazin" von Presse-Photo

*Um die Sorglosigkeit der Großstadtbevölkerung, die trotz aller Warnungen immer wieder
den Anlaß zu Verbrechen gibt, einmal experimentell festzustellen, haben wir unseren Mitarbeiter, den Experimentalpsychologen Dr. Thoma, beauftragt, verschiedene kriminalistische
Experimente auf der Straße und in Lokalen in Berlin durchzuführen, die wir durch einen
maskiert arbeitenden Photoapparat gleichzeitig aufnehmen ließen. Nachstehend schildert unser
Mitarbeiter seine Erlebnisse bei diesen Experimenten:*

Erstes Experiment: Raubüberfall vom Auto aus

Ich sicherte mir zunächst den Wagen eines Freundes, der mit Begeisterung dabei war,

In einer einsamen Gegend des Tiergartens geht eine Dame, die ihre Handtasche lässig und unachtsam herunterbaumeln läßt . .

einmal Verbrecher zu spielen, nachdem ich ihm erklärt hatte, daß der Auftrags-brief von „Scherls Magazin" ihn vor Moabit bewahren werde, und wir begaben uns „auf Tour".

Meine Absicht war es, zu zeigen, daß ein Hand-taschenraub aus dem Auto heraus, wie er von der „Lietzensee-Kolonne" in letzter Zeit mit Erfolg ausgeführt wurde, trotz aller öffentlichen Warnungen immer wieder möglich ist, weil die Leute sich die Lehren, die die Polizei ihnen gibt, nicht genügend zu Gemüte führen.

Den Hut tief ins Gesicht gedrückt, den Mantelkragen hochgeschlagen, fuhren wir durch den Tiergarten, nach „Opfern" Ausschau haltend. Es dauerte keine 5 Minuten, so hatte ich bereits das erste Opfer erspäht.

. . . und schon ist der Greifer da

Taschendiebe im eigentlichen Sinn sind sie nicht, diese gewalttätigen «Snatch-and-grab»-Diebe, wie die Amerikaner sie nennen. In Italien sind sie als «Scippatori», kurz «Scippi», bekannt. Einheimische Frauen sind ebensowenig sicher vor ihnen wie die Touristinnen. Zweitausend Neapolitanerinnen gingen kürzlich demonstrativ mit Pelzen und Juwelen geschmückt auf die Straße, um gegen das Überhandnehmen der brutalen Straßenräuberei zu protestieren.

Natürlich geht es auch ohne Zweirad. Unterdessen wird mit grober, harter Anrempelung das gleiche erreicht. Ältere Frauen vor allem sind unter den Opfern der Entreißdiebe zu finden, in Basel nicht anders als in Berlin. Jede Frau muß damit rechnen. In den Vereinigten Staaten waren schon Ende der 70er Jahre mehr Abreiß-Überfälle als Taschendiebstähle zu verzeichnen. Hierzulande geht die Tendenz in die gleiche Richtung.

Gerade diese Art des Diebstahls hat die Parkhäuser zu «Bedrohungsräumen» gemacht. Nur ein Beispiel: Eine 67jährige Hamburgerin geht im Parkhaus zu ihrem Auto. Als sie einsteigen will, wird sie von drei gutgekleideten Männern daran gehindert. Energisch wehrt sie sich, es nützt nichts. Mit ihrer gewaltsam abgenommenen Handtasche sind die drei auf und davon.

Papa Taschendieb ist tot

In Frankfurt am Main, einer «Metropole der Taschendiebe», hat Kriminalhauptkommissar Richard Heinicke zwanzig Jahre hindurch einschlägige Erfahrungen mit den Langfingern gesammelt und viele von ihnen auf frischer Tat überrascht. Er hat in seinen Dienstjahren den Szenenwechsel von den Vertretern der sanften, alten Art bis zu den gewalttätigen Taschengrabschern von heute miterlebt. Was da geschehen ist, bringt er auf die knappe Formel: «Papa Taschendieb ist tot».

Er kannte noch den Gentleman-Taschendieb von früher,

der sein Handwerk beherrschte, dem jedes rüde Vorgehen fremd war und der keine Spuren hinterließ. Wenn Richard Heinicke über Vermassung und Verrohung im Milieu berichtet, beklagt er den verlorenen Ehrenkodex der Diebe, der endgültig der Vergangenheit angehört, und dann kommt er immer wieder auf den Taschendieb alter Art zurück. Bei ihm wie bei allen anderen Fahndern hört man so etwas wie Bedauern heraus, daß es ihn so nicht mehr gibt:

«Der klassische Taschendieb verschmähte es geradezu, eine abgestellte Handtasche zu stehlen, das war unter seinem Niveau. Fühlte er sich doch als Spezialist unter den Langfingern, war er doch ein Vertreter des uralten Gewerbes der Beutelschneider. Er war stolz auf seine Geschicklichkeit und Fingerfertigkeit. Als Gentleman-Taschendieb arbeitete er allein, verstand sich als Künstler, verabscheute Gewalt und sorgte dafür, daß die Brieftasche ohne Bargeld, aber mit Ausweisen und sonstigen Papieren ihren Weg zum Besitzer zurückfanden.»

Anzugaufschlitzer und Taschenabschneider

Wenn heute mancher Tourist mit aufgeschlitzter Jacke ins Hotel zurückkommt, hatte sich jemand aus der nachgerückten, härter vorgehenden Schicht der Langfinger an ihm zu schaffen gemacht: im Gedränge des Verkehrs, eines Flohmarktes, auf der Rolltreppe des Warenhauses oder der U-Bahn hat er sein scharfes Instrument von außen an den unteren Taschenrand angesetzt, wo er zuvor Brieftasche und Geldbörse ertastet hatte, und nach dem Schnitt die Beute in die aufgehaltene Hand gleiten lassen.

Mit scharfen Klingen werden auch Damenhandtaschen und Rucksäcke der Länge nach aufgesäbelt. Diebe, die es sich besonders leicht machen wollen, schneiden die Tragriemen von Handtaschen durch, um dann mit der ganzen Tasche das Weite zu suchen.

Es sind dies die «Beutelschneider» unserer Zeit. Der seit dem Mittelalter bekannte Begriff erklärt sich aus der Mode von damals: Die vom Gürtel herabhängenden Geldtaschen ließen sich mühelos mit einer winzigen Schere oder einem Federmesser abschneiden.

Schon Rabelais stattete seinen Erzschelm Panurge mit den Attributen des perfekten Beutelschneiders aus: «In seinem Rock hatte er mehr als sechsundzwanzig Taschen, kleine und große, die immer gefüllt waren. In einer war ein kleiner Bleiwürfel und ein winziges Messer, so scharf wie die Nadel eines Kürschnermeisters, mit der schnitt er Geldbörsen ab.»

Mitleid mit dem Opfer und elementare Wut auf den Täter

Von dem Ehrgeiz, dem Opfer mit flinken Fingern die Brieftasche zu stehlen oder gar geschickt die Uhr vom Handgelenk abzustreifen, davon ist heute nicht mehr viel zu spüren. Die Arbeitsweise ist offener, ist aggressiver geworden; vordergründig zählt heute nur noch der Erfolg und nicht mehr die Perfektion und Schwierigkeit auf dem Weg dorthin.

Während früher die Anonymität oberstes Gebot war, haben die heute in Massen auftretenden Taschendiebe dafür nur noch wenig übrig; sie treten ihren Opfern fast offen gegenüber.

Es ist die Mitleidlosigkeit seinen Opfern gegenüber, die den Taschendieb von heute so verachtenswert macht: Wenn Rentnerinnen ihre Ersparnisse abholen, um ihren Enkeln ein Weihnachtsgeschenk zu kaufen und nun, ihrer gesamten Barschaft bestohlen, weinend und nervlich am Boden vor einem sitzen und die Anzeige aufgeben, kommt bei den Fahndern zu dem Gefühl der Zerknirschtheit und der Hilflosigkeit nur eines – Mitleid mit dem Opfer und elementare Wut auf den Täter.

Kriminaloberkommissar Friedrich A. Schmidt
Taschendiebfahnder in Frankfurt/Main

Moskauer Nächte: Augen auf bei Augentropfen

Das jedenfalls empfiehlt nach einer dpa-Meldung vom 14. Januar 1989 der Moskauer Kripo-Chef N. Kuzenko allen, die in die russische Metropole reisen. Die Täter suchen die flüchtige Bekanntschaft der Ahnungslosen in Restaurants, und kommt es schließlich zum völkerverbindenden Anstoßen mit einer Flasche Wodka, dann setzen sie dem Glas ihres Opfers Augentropfen einer bestimmten Marke zu. Eine Ohnmacht ist die Folge, das böse Erwachen dann Stunden später im Krankenhaus.

Der schlimme Trick wird vor allem von Prostituierten praktiziert. Kuzenkos Kriminalisten haben schon fleißig unter jenen Damen aufgeräumt. Rund siebzig von ihnen, die den gedopten Opfern die Brieftasche gezogen hatten, wanderten in Gefängnisse, die entsprechenden Tropfen gibt es nur noch auf Rezept. Dennoch sei jeder Tourist gewarnt, weil es Möglichkeiten der illegalen Beschaffung gibt.

Fast die Hälfte aller in der sowjetischen Hauptstadt verüb-

Paul Flora

ten Diebstähle sind die Tat unprofessioneller Gelegenheits-
diebe, so Kuzenko, und werden von Besuchern aus der
Provinz verübt. Reicht das Geld für ihre Einkäufe nicht, erleichtern sie mit heimlichem Griff ihre Landsleute um die feh-
lenden Rubel.

Paris – schlimmer als Neapel

Die französische Hauptstadt wird durch ein Heer von Dieben bevölkert. Was hier geschieht, klagt die Pariser Polizei, ist
schlimmer als in Neapel. Schwerpunkte der Taschendiebs-
kriminalität sind die Gebiete Opéra, die Champs-Elysées,
Montmartre und Trocadéro. In den Spielhallen mischen sich
die Tireurs unter die Besucher, wo immer auf Straßen und
Plätzen Musik gemacht wird oder sich die Hobby-Artisten
darstellen – in der Gegend um das Centre Pompidou vor allem – sind sie dabei, Professionelle ebenso wie Gelegenheits-
diebe. Die «Brigade de repression du Banditisme», zuständig
für Taschendiebe und Handtaschenräuber, hat unterdessen
auch den Bois de Boulogne ausgemacht, wo sich Taschendiebe in die nächtliche Transvestiten-Szene eingeschlichen haben: beim Einigwerden mit den Partnern, wenn es also ans
Bezahlen geht, erfolgt der Zugriff nach dem Mehrwert.

Allenthalben sind ausländische Touristen die bevorzugten
Opfer. Auffällig, daß die Täter immer jünger werden. Hunderte von Kindern sind in Paris ständig auf der Suche nach
leichter Beute. 1990 hat die Polizei 37751 Taschendiebstähle
registriert. Die Dunkelziffer wird auf das Zehn- bis Zwanzig-
fache geschätzt, weil wie überall die meisten Diebstähle nicht
angezeigt werden.

Es klingt phantastisch, aber so manches Opfer der Pariser
Langfinger hat seine Brieftasche auf dem berühmten Floh-
markt an der Porte de Clingnancourt am nächsten Tag wie-
dergefunden, und zwar bei den Clochards, die in den Neben-

straßen ihre zu nächtlicher Stunde gemachten Mülltonnen-Entdeckungen auf dem Bürgersteig um sich herum ausgebreitet haben.

Champs-Elysées – Tummelplatz für Tireurs

François Lebel ist Bürgermeister des VIII. Pariser Bezirks. Er beklagt, daß während der kritischsten Stunden des Tages in seinem von Dieben besonders heimgesuchten Stadtteil (es ist die Gegend um die Champs-Elysées) viel zu wenig Polizisten im Einsatz sind:

«Als Flanierstraße zieht die Champs-Elysées viele Touristen und folglich auch viele Diebe an, jugendliche Räuber zumeist, deren Zahl beständig wächst. Die angespannte wirtschaftliche Lage, vor allem die Arbeitslosigkeit, bringt immer mehr junge Leute dazu, sich ihren Lebensunterhalt durch diese Art von Kriminalität zu besorgen. Ein weiterer Grund ist der langsam aber stetig wachsende Drogenkonsum; die Süchtigen werden zu Dieben, um sich ihren Stoff kaufen zu können.»

Ausgerutscht und ausgenommen

So mancher erlebnishungrige Tourist ist in Paris zum Opfer des «Salatöltricks» geworden. Schauplatz sind immer Etablissements an der Place Pigalle und anderswo, die Männer im allgemeinen ohne ihre Ehefrauen aufsuchen.

Da rutscht jemand beim Händewaschen auf der Herrentoilette aus und schlägt lang hin. Das Aufstehen vom glitschigen Boden erweist sich als schwierig, aber sogleich ist ein zuvorkommender Herr zur Stelle, der seine hilfreiche Hand ausstreckt. Während er den Gestrauchelten aufrichtet, hat er sich seine Belohnung gleich selbst aus dessen Tasche gezogen, die Auslagen für das zuvor verschüttete Salatöl inbegriffen.

«Was Verbrechen angeht, ist Barcelona eine schlimme und harte Stadt. Taschendiebe hatten früher ja ihren eigenen Charme – wenn es einen nicht selbst betraf. Sie sind durch die Brutalität heutiger Methoden fast verschwunden, denn jetzt geht es gleich ans Messer oder anderweitiges Handanlegen. Da kommt ein Staunen über gewisse Fingerfertigkeiten erst gar nicht auf. Vielleicht hier und dort, wo Massen zusammenkommen, geschieht noch einmal etwas ‹Sanftes›.

Entsetzlich ist es zur Zeit des Tourismus. Taschendiebe werden von Ausspähern darüber informiert, wo sie Beute machen können, das Handanlegen geht dann schnell. Sie reißen die Taschen ab, wobei es zum Teil zu schweren Unfällen kommt – wie Stürze mit Gehirnerschütterungen – ich war selbst schon ein Opfer. Von hinten zog man mir die Tasche ab, und ich hatte außer dem Verlust aller Ausweispapiere etc. einen Bluterguß an der Kehle, so, als sei ich gewürgt worden.

Arbeitsszene der Diebe ist die Altstadt, die Gegend am Hafen, die Ramblas, die nur Fußgänger zuläßt. Durch Blumenstände und Kleintierverkauf ist das eine Attraktion für alle Welt. Auch die Einheimischen schmücken mit Kind und Kegel und Hund und Katze diese ihre Lieblingsallee. Aber überall ist man in Gefahr, bestohlen zu werden, auch nach der Oper und dem Theater, vor den Schaufenstern der Kaufhäuser, auf den Plätzen der Stadt, einfach überall, wo Menschen aufeinandertreffen. Auch dort, wo sie nur die Tauben füttern.»

Stimmungsbild einer in Barcelona lebenden Deutschen

Berlin, ein Eldorado für Taschenwilderer

Berlin als Hochburg der Kriminalität: alle 90 Sekunden wird eine Straftat begangen! Taschendiebstähle haben innerhalb eines Jahres um 132 % zugenommen. Überall muß man auf der Hut vor Langfingern sein. Auf den Bahnhöfen und in den Kaufhäusern vor allem, ganze Banden fallen da täglich ein, so sagen die Fahnder. Alexanderplatz, Kurfürstendamm und Steglitzer Schloßstraße sind bevorzugte Stätten der Ausplünderung durch die überfallartig auftretenden Taschenwilderer und Handtaschenabreißer. Taschendiebe erbeuten in Berlin weit mehr als Bankräuber!

94 % der Langfinger, die in Berlin auf Beutezug gehen, gehören zum «reisenden Gewerbe». Die meisten von ihnen kommen für arbeitsintensive Tage aus Polen und vom Balkan in die Hauptstadt.

Die von flotten Reklamesprüchen ein Leben lang begleiteten Berliner sind über den neuen lyrischen Zweizeiler gar nicht glücklich, den ihnen die Polizei bescheren mußte. Auf Drucksachen des Verkehrsamtes, in Geschäften und in allen Verkehrsmitteln der BVG appelliert er unübersehbar:

> *Gedränge nur dem Dieb gefällt –*
> *drum Augen auf und Hand auf's Geld!!*

Rückblende, Berlin 1845:
«Taschendiebe sind es auch, die Berlin in üblen Ruf gebracht haben. Mit Entsetzen erzählen die Provinzialen von der raffinierten Geschicklichkeit dieser Gauner. Taschendiebe sind in Berlin überall, wo sich Menschen versammeln. Also in den Theatern, öffentlichen Vergnügungslokalen, Ausstellungen, Museen, auf den Paraden, Promenaden, Eisenbahnhöfen, in den Kirchen, ja selbst in den königlichen Schlössern.

Wer um 1880 die Gallatin Street in New Orleans mit seinem
Geld in der Tasche durchquerte, ohne daß er überfallen worden
war, hatte etwas vollbracht, was an ein Wunder grenzte. In New
York ist es heute nicht viel anders. Man sollte wissen, welche Be-
zirke zu meiden sind: Das Bekleidungsviertel Garment Center
zwischen der 33. und 38. Straße ist nach Geschäftsschluß ebenso
gefährlich wie Teile des Central Park rund um die Uhr. «Yoking»
nennt man die Praxis der New Yorker Straßenräuber, ihre Opfer
von hinten anzuspringen und ihnen gewaltsam die Taschen zu
leeren.

Als Hauptschutzmittel gegen den Taschendiebstahl bleibt nur das eine übrig: daß nämlich jedermann auf seine Taschen so aufmerksam und vorsichtig als nur möglich acht gibt.»

Bestens abgesichert: Täter auf Tournee

Durch die Öffnung der Grenzen nach Osten und innerhalb Europas ist von einem verstärkten Agieren internationaler Tätergruppen auszugehen. Bei den festgestellten Tätern handelt es sich zu 90 % um international reisende Täter, die über bevorzugte Routen einreisen und eine «Tournee» durch europäische Großstädte machen. Bei der Einreise sind die Täter im Gegensatz zu früher bereits mit Kontaktadressen und Telefonnummern des jeweiligen kriminellen Milieus sowie Namen von Rechtsanwälten ausgestattet. Die Täter werden in das ansässige kriminelle Milieu eingegliedert und dienen als Beutebeschaffer. Das hat dazu geführt, daß die Täter sich nicht mehr aller Gegenstände außer Bargeld entledigen, sondern alles verwerten. Gemäß vorliegenden Erkenntnissen haben sich in Großstädten bestimmte Treffpunkte internationaler Taschendiebe gebildet.

Allgemeine Trendaussage des Bundeskriminalamtes zur Entwicklung im Kriminalitätsbereich Taschendiebstahl.

Überwiegend heiter

Ich gab dem Mann, der mich be-
drohte, meine Brieftasche.
«Sie waren doch gar nicht ge-
meint», keuchte er.
Da nahm ich seine Brieftasche.
«Die gehört mir!» schrie jemand.
«Wer bin ich denn eigentlich»,
sagte ich.

Ben Witter

Arbeit auf Bestellung

In den dreißiger Jahren befand sich Berlins gefährlichste Hehlergegend in der Weinmeisterstraße. Dort hatte der beliebte Komiker Erich Carow in der Nähe seines «Frühlokals» ein Volksvarieté eröffnet, in dem so mancher Schwere Junge festgenommen wurde, während er die Attraktionen dieser seltsamen Kunststätte genoß.

Beim Karlshorster Pferderennen hatte Erich Carow selbst einmal das rare Vergnügen, von einem Taschendieb angesprochen zu werden. Ein tadellos gekleideter Herr flüsterte ihm zu:

«Ich hätte eine vorzügliche Krawattennadel für Sie, echter Diamant, wasserheller Stein, grandiose Fassung! Gut fünfhundert Mark wert. Für hundert Mark gehört sie Ihnen!»

«Na dann zeigen Sie mir mal das gute Stück», erwiderte Carow.

Der Fremde, diesmal noch leiser:

«Drehen Sie sich ganz unauffällig um! Halblinks hinter Ihnen! Bei dem kleenen Dicken im Nadelstreifenanzug! Seh'n Sie die Nadel in seiner Krawatte? Das ist sie!»

Schlechter Tausch

Baranowski, ein bekannter und berüchtigter Vertreter der Taschendiebszunft, verbüßte in Hamburg eine Freiheitsstrafe. Während eines Mittagsspazierganges auf dem Gefängnishof lief er ein paar Schritte neben einem Gefängnisbeamten her. Blitzschnell griff er diesem in die Tasche und stahl ihm eine Schachtel mit sechs Zigaretten, ohne daß der Aufseher den raschen Griff bemerkte.

Leider hatte Baranowski Pech, denn ein anderer Beamter, der im Wachtturm saß, hatte den Vorgang durch sein Fernglas beobachtet. Baranowski mußte die sechs Zigaretten gegen eine 14 tägige Disziplinarstrafe eintauschen.

Alexander Roda-Roda erzählt

In Jassy war mir meine Brieftasche gestohlen worden. Ich wollte aufs Polizeipräsidium.

Ich weiß nicht, ob mich der Droschkenkutscher verstanden und was er verstanden hat – er fuhr mich straßauf, straßab und hielt endlich vor einem verruchten Tanzlokal.

«Ist hier der Polizeipräsident?» fragte ich ahnungslos.

«Nein», sprach eine freundliche Dame – «der kommt immer erst etwas später.»

Wachsames Gesetzesauge

In Ostende eröffnete die Polizei eine Ausstellung, in der Schutzmaßnahmen gegen Diebstähle gezeigt wurden. Um die Modernität der Gesetzeshüter in ihrem Vorgehen gegen Gauner zu demonstrieren, hatte man auch eine als Polizist angezogene Kleiderpuppe mit allen gängigen Waffen versehen.

Doch bald mußte die Ausstellungsleitung entdecken, daß diesem artifiziellen Polizisten Pistole, Lederhandschuhe und Notizbuch gestohlen worden waren.

Zwei zum Schutz von Bundespräsident Gustav Heinemann abgestellten Polizeibeamten die Pistolen zu entwenden, dazu gehörte schon einige Gewandtheit, auch wenn beide Beamte, die in einem Appartement gegenüber der Zimmerflucht des Bundespräsidenten untergebracht waren, statt zu wachen tief eingeschlafen waren.

Was da im Bremer Parkhotel im August 1969 geschah, wurde von der Polizei der Hansestadt als möglicher Ulk in der Präsidentensuite nach einem feuchtfröhlichen Besuch in der Hotelbar kommentiert. Brieftaschen und Dienstausweise der Polizisten wurden eine Woche später im niederländischen Flughafen Schiphol gefunden. Zum Dieb jedoch führte keine Spur.

Der bestohlene Beichtvater

Ein unverbesserlicher Taschendieb kam zu einem ehrwürdigen alten Pfarrer in den Beichtstuhl. Dieser ermahnte das sündhafte Beichtkind, ihm ohne Vorbehalt alles zu bekennen, was er auf dem Herzen habe: «Welche Sünde drückt Dich nieder, mein Sohn?»

Der Dieb, eben dabei, dem Pfarrer die Uhr aus der Tasche zu ziehen: «Ich stehle, Euer Hochwürden.»

Darauf der Pfarrer: «So müßt Ihr es nicht sagen. Es heißt: ich habe gestohlen.»

Der Langfinger, der inzwischen die Uhr gestohlen hat: «Ich habe gestohlen.»

«Da habt Ihr sehr gesündigt; was habt Ihr denn gestohlen?»

«Eine Taschenuhr», antwortete der Dieb.

«So müßt Ihr sie dem wiedergeben, dem Ihr sie gestohlen habt, um Euer Vergehen wieder gutzumachen.»

«So will ich sie denn Euch geben, Herr Pfarrer.»

«Ich will sie nicht haben. Ihr müßt sie dem rechtmäßigen Besitzer wieder zustellen.»

«Der mag sie nicht haben.»

«Nun, wenn es so ist, könnt Ihr die Uhr mit gutem Gewissen behalten. Aber hütet Euch ja, nie wieder in eine solche Sünde zu verfallen.»

Nach einigen Ermahnungen erteilte der Pfarrer dem Taschendieb die Absolution. Kaum war dieser zur Kirche hinaus, wollte der Pfarrer nachsehen, wieviel Uhr es sei, und da merkte er nun, auch ohne Uhr, was es geschlagen hatte.

Europäische Wanderanekdote

Ausgesprochenes Pech

Paris: Louis Paquet mußte mit auf die Polizeiwache, weil er den Gast eines Restaurants in der Garderobe tätlich angegriffen hatte. Auf der Wache begründete er sein Verhalten: «Ich stahl dem Herrn die Brieftasche, als er dabei war, seinen Mantel anzuziehen. Gleich darauf stellte ich fest, daß es meine eigene war, die ich seit einer Stunde vermißte.»

Mailand: Ein Taschendieb hatte sich die 21 Jahre alte Delma Savorelli als Opfer ausgesucht. Delma, die zur Zeit des Diebstahls italienische Meisterin im 400-Meter-Lauf war, holte den Dieb mühelos ein. Sie wurde von dem Polizeibeamten Domenico Rossi, dem männlichen Titelhalter über die gleiche Strecke, unterstützt.

Baltimore: Der an einer Omnibushaltestelle tätige Dieb griff einem Mann in die Brusttasche und schrie vor Schmerzen laut auf. Er hatte sich die Hand an Messern und Gabeln schlimm verletzt, die in der Tasche steckten. Sie waren aus einem Restaurant entwendet worden. Hinter schwedischen Gardinen konnten beide Männer über die seltsamen Zufälle des Lebens nachdenken.

Rom: In einem Bus wechselte eine Brieftasche den Besitzer. Der kunstvolle Griff in die Innentasche zahlte sich nicht aus, umgerechnet zwanzig Mark war die Ausbeute. Beim Zugriff streifte sich zudem ein zu lose sitzender wertvoller Ring, auch unrechtmäßig erworben, vom Diebesfinger ab und blieb in der fremden Tasche zurück. Doppeltes Künstlerpech!

Berlin: Von einem seltsamen Zufall, durch den ein Dieb der Polizei in die Hände geliefert wurde, berichtet Erich Wulffen in seinem Buch «Gauner und Verbrechertypen»:

«Ein Kellner, der in einem Berliner Kaffeehaus angestellt war, stahl dort einem anderen Kellner aus den Kleidern ein silbernes Täschchen. Unter den Linden versuchte er seine Beute an ein Mädchen zu verkaufen. Hierbei kam er jedoch an die Unrechte. Das Mädchen erkannte in dem Täschchen ihr Eigentum wieder. Der Bestohlene hatte es als Sicherheit für eine Zechschuld erhalten. Der nächste Schutzmann nahm den Dieb fest.»

Treffliche Antworten

Napoleon befand sich im Salon Marie Louises, benötigte ein Taschentuch und merkte, daß er keines bei sich hatte. Eine Hofdame brachte ihm ein Tuch der Kaiserin. Er sah es aufmerksam an, es war ein besonders schönes Batisttuch, von zierlichen Brüsseler Spitzen umsäumt. Er fragte die Hofdame, was solch ein Tuch wohl koste, denn er war sparsam und interessierte sich für alle Ausgaben.

«Sire, es wird zwischen achtzig und hundert Franken kosten», antwortete die Dame.

«Das ist viel», meinte der Kaiser erstaunt, «sehr viel. Wenn ich Hofdame wäre», fuhr er gutgelaunt fort, «so würde ich jeden Tag solch ein Tuch in meiner Tasche verschwinden lassen, das würde mir mehr einbringen als die ganze Anstellung.»

«Sire», beeilte sich die Hofdame zu erwidern, «es ist ein Glück, daß Ihre Majestät die Kaiserin von Damen umgeben ist, die ehrlicher sind als Euer Majestät – erscheinen möchten.»

Es war eine Antwort, die ihm gefiel, und er mußte lachen.

Als Napoleon in Italien bestohlen worden war, sagte er zu seinem italienischen Kammerdiener erbost: «Tutti gli italiani sono banditi!»

Daraufhin der Kammerdiener: «Tutti no, buona parte sì.»

Feine Manieren

«Ich schwöre Ihnen, Herr Präsident, wenn Sie gnädig mit mir verfahren, werde ich mich künftig der menschlichen Gesellschaft gegenüber würdig verhalten.» Mit diesen Worten beschloß 1850 in Paris ein des Taschendiebstahls Beschuldigter vor dem «Tribunal Civil» seine Verteidigungsrede. Der Präsident und die Richter waren gerührt und beeindruckt, kein bezahlter Advokat hätte sie besser überzeugen können. Die Strafe wurde zur Bewährung ausgesetzt, man ließ den Dieb laufen.

Daß es so etwas wie Ganovenehre gibt, wurde bald darauf offenbar. Denn einer der Richter erhielt wenige Tage später seine Uhr zugeschickt, die ihm einige Jahre zuvor gestohlen worden war – von eben diesem Taschendieb.

Einhundert Jahre später. Dem Mailänder Advokaten A. degli Occhi wird die Brieftasche entwendet. Kurz darauf nähert sich ihm der Dieb, entschuldigt sich für seine Tat und gibt ihm die Brieftasche zurück. Er hatte in dem Advokaten den Mann erkannt, der ihm kurz zuvor zu einem Freispruch verholfen hatte.

Zeichen der Wertschätzung

Honoré Daumier muß die Wanderanekdoten über die Langfinger im Gerichtssaal gekannt haben. Im Februar 1845 veröffentlichte er im *Charivari* seine Karikatur «Ein Anwaltssieg». Hier umarmt der Advokat nach der Verhandlung seinen Mandanten:

«Komm an mein Herz, du bist freigesprochen! Unter uns gesagt, du hättest verdient, auf die Galeeren gebracht zu werden, denn du bist ein toller Gauner. Doch das macht nichts, es ist immer angenehm, seinesgleichen herauszuhauen!»

Der Dieb, sehr bewegt, stiehlt währenddessen seinem Verteidiger die Geldbörse, um ein Achtungs- und Freundschaftszeichen als Souvenir zu erlangen.

Vorzügliche Anordnung

Bei einem Klassentreffen fragte ein Zahnarzt namens Mühlberg seinen alten aus Köln angereisten Freund Strengholdt: «Wer um alles in der Welt verurteilt denn in Köln die Taschendiebe, wenn du verreist bist?»

Der so angeredete Landgerichtsrat antwortete: «Ich habe eine Verfügung erlassen, daß in meiner Abwesenheit weder gestohlen noch gemordet werden darf.»

Diese Szene spielt in Erich Kästners Einakter «Das Haus Erinnerung». Vor fünfunddreißig Jahren wurde das Stück in den Münchner Kammerspielen uraufgeführt. Im Theater macht sich die Idee vorzüglich. Zu schön wäre es, könnte man sie auf die Wirklichkeit übertragen.

Kesse Lippe

Der Bestohlene wurde vom Richter gefragt: «Wieso glauben Sie, daß der Angeklagte Sie bestohlen hat?»

«Ich bin sicher», antwortete der Mann. «Unter dem Diebesgut befand sich auch ein Taschentuch. Sehen Sie sich mein Taschentuch an, Herr Richter. Es ist genau das gleiche wie dasjenige, das man im Hause des Angeklagten gefunden hat.»

«Das beweist nichts», erwiderte der Richter. «Auch ich habe das gleiche Taschentuch wie Sie.»

«Möglich», sagte der Geschädigte, «mir fehlen nämlich mehrere.»

Anerkennenswerte Vorbildung

Ein junger Mann stellte sich dem berüchtigten Räuberhauptmann Cartouche mit dem Verlangen vor, in dessen Bande aufgenommen zu werden.

«Wo habt Ihr Eure Erfahrungen gesammelt?» fragte ihn Cartouche.

«Zwei Jahre bei einem Advokaten und sechs Monate bei einem Polizeiaufseher.»

«Diese ganze Zeit», antwortete Cartouche, «wird Euch so angerechnet, als ob Ihr bei mir gedient hättet.»

Nachhilfestunden empfohlen

Ein in Südamerika ausgebildeter Pickpocket entwendete in einem New Yorker Bus ausgerechnet dem ehemaligen Bundesrichter Ferdinand Pecora ein Bündel Geldscheine aus der Jackentasche. Am gleichen Tag wurde der Dieb bei einem anderen Zugriff auf frischer Tat ertappt, wofür er sich eine sechsmonatige Haftstrafe einhandelte. Vor der Verkündung des Urteilsspruchs gab der Richter Herman Weinkrantz, ein früherer Mitarbeiter von Bundesrichter Pecora, dem Taschendieb den Rat, er solle noch einmal nach Kolumbien, wo er hergekommen sei, zurückgehen: «Dort gibt es eine Schule, in der das Taschendiebshandwerk gelehrt

«Eine Umfrage: Wovon leben Sie?»

148

wird. Ganz offensichtlich hat dieser junge Mann den Kurs geschwänzt. Er sollte in Bogotá Nachhilfestunden nehmen.»

Der Kanton der Langfingerzünftler

Für den Rest der deutschsprachigen Schweiz gelten die Thurgauer als «Langfingerzünftler», der Thurgau selbst wird «Schelmenkanton» genannt. Damit spielt man auf den Ruf seiner Bewohner an, derartig sparsam zu sein, daß es nicht selten ans Stehlen grenze. Die Gründe für die oft boshaften Witzeleien liegen Jahrhunderte zurück. Der Thurgau war ein armer Landstrich, und Hunger und Armut mögen den einen oder anderen in früherer Zeit auch aus nackter Not zum Diebstahl getrieben haben. Dazu lag der Thurgau zwischen den mächtigen und reichen Städten Konstanz und St. Gallen, die lange miteinander verfeindet waren. Eine Existenz zwischen Hammer und Amboß muß es für die Thurgauer gewesen sein, die Gründe genug hatten, sich unterdrückt zu fühlen.

Zu den Witzen, mit denen man sich in der Schweiz über die Thurgauer lustig macht, gehören auch die folgenden:

Was ist der Unterschied zwischen dem Mond und dem Thurgauer? Der Mond nimmt zu und ab, der Thurgauer nimmt ab und zu.

Weißt Du, warum im Thurgau die Eisenbahn in Schlangenlinien fährt?

Damit der Zugführer immer sieht, ob er den letzten Wagen noch am Zuge hat.

TG – das Autokennzeichen des Thurgaus bedeutet: TATSÄCHLICH GEKAUFT.

Ein Züricher, ein Appenzeller und ein Thurgauer klopfen an das Himmelstor und bitten um Einlaß. Petrus erklärt ihnen, vor der Aufnahme müßten sie eine Prüfung bestehen: «Der

Zürcher muß eine halbe Stunde lang pausenlos schwatzen, der Appenzeller eine halbe Stunde lang Witze erzählen, der Thurgauer innerhalb einer halben Stunde meine Uhr stibitzen.» Aber bevor Petrus fertiggeredet hat und die Prüfung beginnt, zieht der Thurgauer eine Uhr aus der Tasche, reicht sie Petrus und sagt: «Da hast du sie wieder.»

Ein aus Bern angereister Vertreter der eidgenössischen Regierung hält im Thurgau eine Ansprache, in der er nachdrücklich betont, wie sehr es ihn entrüste, wenn man anderswo den Thurgau als Schelmenkanton bezeichne. Plötzlich muß er niesen, er will seine Nase putzen, greift in die rechte Tasche, dann in die linke Tasche und ruft verärgert: «Beim Eid, kaum eine halbe Stunde im Thurgau, und schon sind die zwei Nastücher weg, die mir meine Frau in die Tasche gesteckt hat!»

Ein Witz über die «Langfingerzünftler», den man sich schon um 1840 erzählte und der sich bis heute gehalten hat: Gelangt man von Deutschland aus an das Südufer des Bodensees und verläßt das Schiff in Rorschach, das zum Kanton St. Gallen gehört, entdeckt man an der Schiffslände ein Schild mit dieser Aufschrift:

> *Vorsicht vor*
> *Taschendieben!*

Geht man im thurgauischen Romanshorner Hafen an Land, liest man an der Schiffslände diesen Hinweis:

> *Achtung vor*
> *Taschendieben!*

Mit anhaltender Bewunderung für die ehrenwerten Thurgauer, die solches mit Gleichmut lächelnd zu tragen wissen, hier noch einer der trockensten unter allen Schweizer Witzen:

Ein Thurgauer kaufte eine Taschenuhr.

Auf der Bühne wird aus ihm leicht ein Held

> *Der Dieb ist naiv. Er will etwas haben, was ihm nicht gehört. So geht er hin und holt es sich, nicht achtend der Schranken, die ein weises Gebot seinem kindlichen Tun gesetzt hat. Zudem ist er noch mutig. Auf der Bühne wird aus ihm leicht ein Held.*
>
> Peter Bamm

Auf der Leinwand – ungefährlich

Durch eine stattliche Zahl von Filmen geistern die Langfinger. Zumeist sind es nur Sekunden während Szenen, von den Regisseuren geschickt dort in eine Spielhandlung gebracht, wo man sie am wenigsten erwartet. Im Kultfilm «Casablanca» hat Curt Bois einen seiner unvergeßlichen Kurzauftritte. Wie ein flüchtiger Schatten nähert er sich einem älteren Ehepaar, offensichtlich wohlhabenden Emigranten, die an einem Caféhaustisch sitzen: «Ich warne Sie, meine Herrschaften, geben Sie nur acht, hier wimmelt es von Taschendieben!» Dabei eine beschwörende Geste auf den Herrn zu, der noch nicht einmal den Hauch einer Berührung seines Jacketts spürt, und schon hat die Brieftasche den Besitzer gewechselt.

In Sartres Filmklassiker «Das Spiel ist aus», den Jean Delannoy mit realen, surrealen und metaphysischen Passagen zu einem Kunstwerk formte, umstehen neugierige Zuschauer einen Schausteller, der im Freien seine Künste vorführt. Ein Taschendieb ist zur Stelle, er erleichtert einige aus dem staunenden Publikum um ihre Geldbörsen. Eine für jeden Taschendieb typische Situation mühelos gewährter Ablenkung. Atypisch ist hier lediglich, daß diese Szene im Jenseits spielt. Welch ein Aspekt für Langfinger!

Natürlich gibt unser Thema genügend Stoff für Hauptrollen her. Eine hat sich Heinz Rühmann auf den Leib schreiben lassen: «Max, der Taschendieb», von der Presse als Stück deutscher Filmgeschichte gepriesen. Das Programmheft klärt uns darüber auf, daß er wie ein Pianist oder Geigenvirtuose seine Finger trainiert, bis sie selbständige kleine Lebewesen sind. Und weiter:

«Es kann kein Zweifel darüber bestehen, daß Max der Rang eines echten Künstlers zukommt. Er hat die Kunst des Taschendiebstahls zur Virtuosität entwickelt. Er entstammt einer alten Künstlerfamilie und dürfte seinen Vorfahren, die allesamt Taschendiebe waren, alle Ehre machen. Die Frage der Moral spielt bei ihm eine erhebliche Rolle. Seine flinken Finger greifen nur dort zu, wo Diebstahl moralischen Nutzen stiftet. Auf der Rennbahn zum Beispiel. Dort erleichtert Max die Menschen, die ohne ihrer Hände Arbeit Riesengewinne verdienen, durch seiner Hände Arbeit um gewinnbringende Wettscheine. Der Erlös dient den lautersten Zielen, denn Max hat eine Familie zu ernähren...»

Ein derart liebenswürdiger Taschendieb kommt in der Wirklichkeit nicht vor. Solche Glorifizierungen schmecken all denen überhaupt nicht, die sich von Gesetzes wegen mit Langfingern abgeben müssen:

«Auch ‹Max, der Taschendieb› ist nur ein Zerrbild und trägt einmal mehr dazu bei, den Nimbus, der seit jeher den Taschendieb umgibt, zu festigen und zu vergrößern. Dafür garantieren der Name und die Person des Hauptdarstellers. Wer den augenzwinkernden Titelhelden, der nur die bösen reichen Leute bestiehlt, einmal in dieser Verzerrung gesehen hat, denkt nicht mehr an die wirklichen Taschendiebe, mit denen wir es in der Praxis zu tun haben. Er denkt auch nicht an die vielen kleinen und großen Langfinger, die immer wieder rückfällig werden und ohne Skrupel selbst die Ärmsten der Armen bestehlen ...»

So der kritische Kommentar einer internen Veröffentlichung des Bundeskriminalamtes zu diesem Film, der den kleinen, gutmütigen Gauner, der das skrupellose Gangstertum verachtet, eben nur durch die Darstellung Heinz Rühmanns akzeptabel macht.

Robert Bressons «Pickpocket»: Ein Filmklassiker, dem Metier gewidmet

Robert Bresson hat uns mit «Pickpocket» seinen vollkommensten Film geschenkt. Cineasten rechnen ihn zu den großen Werken der Filmgeschichte. Louis Malle in einer enthusiastischen Rezension:

«Bressons Film gibt uns das Erlebnis eines Kunstgenusses ähnlich einem Gemälde von Giotto oder einer Bach-Kantate».

Die eindrucksvollsten Szenen spielen auf der Rennbahn von Longchamp, in der Pariser Metro und im Gare de Lyon. Nie zuvor konnte man Taschendiebstahl derartig gebannt erleben, fast so, als würde man in der Haut Michels, des Diebes, stecken und selbst die Hand zum Opfer hin ausstrecken.

Hinreißend vor allem das außergewöhnliche «Ballett der Hände», mit dem Bresson die Team-Arbeit im Gang eines Zuges darstellt. Wahrhaftig, hier wird Taschendiebstahl als Kunstwerk sichtbar. Die verblüffende Meisterschaft der Handbewegungen, das Zusammenspiel im Weiterreichen der Beute – alles deutet auf eine hohe Professionalität hin, weitab von der Gaghaftigkeit sonstiger Taschendiebsszenen in anderen Filmen.

Als Berater für die virtuosen Taschendieb-Tricks hatte Robert Bresson einen kongenialen Partner in Henri Kassagi gefunden, einen Spezialisten des Metiers, dessen Lebensweg selbst wie eine Filmstory anmutet. Als Vierzehnjähriger wur-

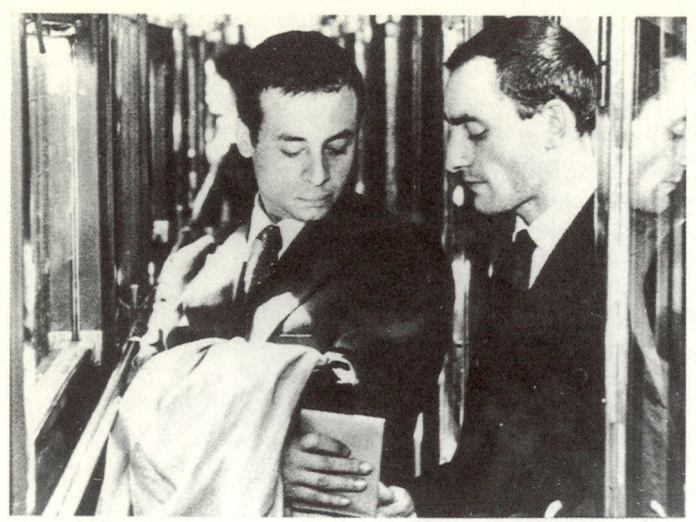

*Teamarbeit im Zug: die von Kassagi – links im Bild – unter
Deckung eines Mantels entwendete Brieftasche wird blitzschnell
an seinen Komplizen Jacques, dargestellt von Pierre Leymarie,
weitergereicht.
Szenenfoto aus Robert Bressons Film «Pickpocket»*

de er im Anschluß an ein Familiendrama auf die Straßen seiner Vaterstadt Tunis gesetzt. Die sich seiner annahmen und
ihm zu essen gaben, waren gleichaltrig, auch sie hatten kein
Zuhause. Nur hungern mußten sie nicht, denn sie gehörten zu
einer Gang von Trickdieben. Sie retteten Kassagi, sie unterwiesen ihn in den Geheimnissen ihrer Zunft. In wenigen Monaten avancierte er zu einem gewandten Taschendieb.

Zu seiner Ausbildung gehörte das unbemerkte Abschneiden von Knöpfen an der Kleidung der Straßenpassanten. Als
er 3000 zusammenhatte, ohne bemerkt worden zu sein,
durfte er in die praktische Arbeit einsteigen. Aber er konnte
nicht nur stehlen. Als er seinen Gefährten einmal Kartenkunststücke vorzauberte, wurde er von einem Herrn

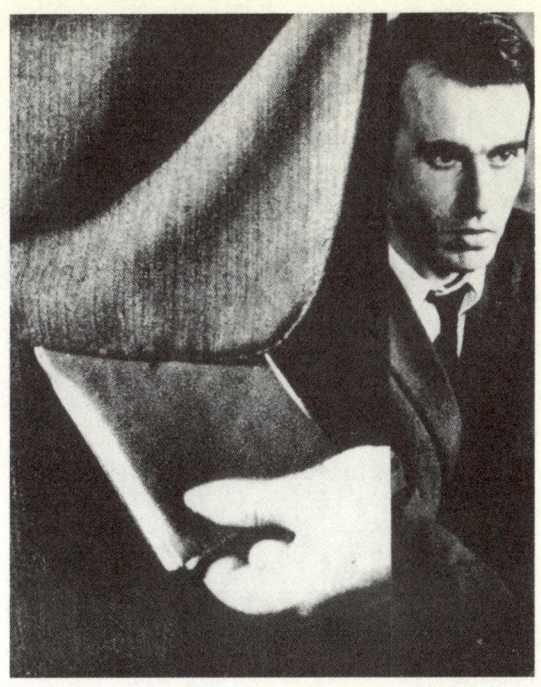

Fotomontage aus dem Programmheft zu «Pickpocket». Robert Bresson über seinen Film: «Die Seele und die Hand eines Pickpocket – etwas Außergewöhnliches umgibt den Taschendiebstahl. Haben Sie schon einmal verspürt, was die Gegenwart eines Diebs bewirkt? Man kann diese spannungsgeladene Atmosphäre nicht erklären. Aber gerade der Film ist die Domäne des Unerklärbaren.»

beobachtet, der ihn mit zum Direktor des Städtischen Kasinos nahm. Schon am nächsten Tag konnte man ihn auf der Bühne in einem kurzen Auftritt als Zauberer bewundern. Über die Jahre baute Henri Kassagi seine Darbietung aus, die er später wirkungsvoll mit einer Nummer als Bühnen-Pickpocket abrundete. Das also ist der Künstler, dem wir die schönsten Momente aus Robert Bressons Film zu danken haben.

Effektvoll und komisch:
Taschendiebstahl als Entertainment

Der Bühnentaschendieb bestiehlt Menschen, indem er ihr Einverständnis dazu voraussetzt. Als Entertainer bringt er es soweit, daß sich das Publikum vor Lachen krümmt. Alles nimmt er den Zuschauern ab, die er auf die Bühne gebeten hat: Brieftaschen und Uhren, Halsketten und Krawatten. Gelegentlich wagt er sich an die Hosenträger der Herren. Schadenfreude ist effektverstärkend mit im Spiel, wenn der Artist seine freiwilligen Opfer ausnimmt: man amüsiert sich darüber, daß jemand bei aller Sorge um die Brieftasche, die er ängstlich festhält, nicht merkt, wie ihm die Krawatte vom Hals verschwindet.

Giovanni: Ein Pickpocket kommt Churchill nahe

Casablanca im Januar 1943: Zwölf Tage konferieren Franklin D. Roosevelt und Winston Churchill miteinander. Sie beschließen die Landung der alliierten Streitkräfte auf Sizilien, verschieben den Termin für eine Landung in Frankreich auf 1944 und einigen sich auf die Formel von der bedingungslosen Kapitulation der Achsenmächte, weswegen dieses Treffen auch «The Unconditional Surrender Meeting» genannt wird.

Im Gefolge des amerikanischen Präsidenten befand sich der Artist Giovanni, der schon wiederholt im Weißen Haus aufgetreten war. Als Zauberkünstler hatte der 1876 in Budapest geborene John Giovanni den Unterhaltungswert einer eigenständigen Pickpocket-Nummer erkannt und sich völlig auf dieses neue Genre konzentriert. Weltweit riß er das Publikum der Großstadt-Varietés als der erste «Stage-Pickpocket» zu Begeisterungsstürmen hin. An einem Abend, der ganz der

Erst als seine Hosen zu rutschen begannen, bemerkte der Herr an der Bar, daß «Gentleman Jack, der Mann mit den schnellsten Händen der Welt», sie ihm heimlich abgeknöpft hatte. Ähnlich erging es Winston Churchill bei der Konferenz von Casablanca.

Entspannung dienen sollte, unterhielt er die beiden Staats-
männer und ihr Gefolge.

Als Giovanni seine Geschicklichkeit an einigen Anwesenden demonstriert hatte, war er auch wie nebenbei Churchill
für kurze Zeit «nahegekommen». Dabei hatte er den englischen Premierminister so ziemlich von allem befreit, was dieser in seinen Taschen bei sich trug. Dann kam der Augenblick
der Rückgabe des Entwendeten. Und da bemerkte Churchill
plötzlich, daß seine Hosen zu rutschen begannen. Das aber
schien ihm den Spaß zu weit getrieben. Ärgerlich stolperte er
auf Giovanni zu, beim Griff nach den Hosen fiel ihm die obli-
gate Zigarre aus der Hand, die Kinnlade klappte nach unten –
er war maßlos zornig.

Aber nur für einen kurzen Moment: Nach einem tiefen
Atemholen obsiegte die angelsächsische Freude am unkom-
plizierten Spaß. Churchill überwand seinen Ärger, herzlich
umarmte er Giovanni und sagte: «Als Sie mir meine Hosenträger stahlen, verlor ich fast meine Würde. Ich sollte Ihnen
auf die Nase boxen, aber wie könnte ich das tun? Ich bewun-
dere Sie!»

Noch ein anderer Satz gehört hierher, er sagt alles über die
Stimmung an jenem Abend. Giovanni: «Es war entsetzlich
heiß, alle lachten und ihre Tränen kullerten in den Sand.»

Papa Bamberg fährt Eisenbahn

Der beliebteste niederländische Zauberer des vergangenen
Jahrhunderts war David Tobias Bamberg (1843–1913). König
Wilhelm III. ernannte ihn zum «Hofzauberer», aber man
nannte ihn überall nur «Papa Bamberg».

Einmal reiste er die kurze Strecke von Rotterdam nach Den
Haag. In seinem Eisenbahnabteil saßen zwei Mitreisende, in
Delft gesellte sich noch ein Dragoner zu ihnen.

Wenig später fragte der Zauberer einen der Herren, wie

spät es sei. Der Angesprochene griff vergeblich nach seiner Uhr, sie war verschwunden. Der andere Reisegefährte vermißte sein Taschentuch. Schließlich steckte auch der Dragoner seine Hände in die Taschen – ihm fehlte die Geldbörse.

Argwöhnisch sahen alle drei auf Papa Bamberg, aber der tat so, als ginge ihn das alles gar nichts an. Gleich nach Ankunft in Den Haag riefen die verärgerten Reisenden den auf dem Bahnsteig diensttuenden Polizeikommissar. Sie verlangten, Bamberg sogleich zu durchsuchen.

Papa Bamberg blieb gelassen. Müßig sei es, bei ihm nachzusuchen, bedeutete er dem Kommissar. Man möge doch nur einmal in die Stulpenstiefel des Dragoners sehen. Und tatsächlich, die Uhrkette baumelte aus einem der Stiefel heraus, Taschentuch und Geldbörse fanden sich zwischen Hose und Leder ebenfalls.

Allerdings hatte der Gesetzeshüter den berühmten Zauberer gleich erkannt und begriffen, daß die anderen seiner Geschicklichkeit aufgesessen waren. Papa Bamberg erklärte dann seinen Opfern, wie er es gemacht hatte, um sie zu warnen, wie leicht es sei, einen arglosen Reisenden auszunehmen.

Trotz Sicherheitskettchen hing die Uhr am Kronleuchter

«Während einer heiteren Privat-Soirée kam die Rede auf die fabelhafte Gewandtheit der Pariser Taschendiebe. Der Herr des Hauses behauptete, er halte es immer für unglaubliche Leichtfertigkeit, wenn sich jemand eine Uhr ziehen ließ; ihm zum Beispiel könne und werde dies nie geschehen: ‹Denn sehen Sie›, schloß er seine Behauptung, ‹ich habe hier nebst Sicherheitskettchen noch ein elastisches Schnürchen an meiner Uhr befestigt, und möchte den sehen, der sie mir wegzunehmen vermöchte.›

Wenige Minuten später war die so gut gehütete Uhr dennoch fort, und hing zum allgemeinen Jubel der Gesellschaft unter dem Kronleuchter. Der Hausherr machte gute Miene zum bösen Spiel, und dankte Gott, daß der anwesende Herr Hofzinser ein ihm lieber, achtungswerter Gast – und kein Pariser Gauner sei.»

Aus dem «Wiener Courier», 1854

Jener erwähnte Herr, Dr. Johann Nepomuk Hofzinser (1807–1875), war ein österreichischer Staatsbeamter. Er zauberte aus Liebhaberei und war der genialste Interpret einer «Zauberei im Kammerton», in der er mit Handfertigkeit und Gedankenspiel die anspruchsvollen Besucher seiner magischen Soiréen in den Wiener Salons zu unterhalten wußte.

Joe Grimaldi – nicht enden wollendes Gelächter

Der größte aller englischen Clowns, Joe Grimaldi, brachte eine Diebstahl-Nummer auf die Bühne, die stets nicht endenwollendes Gelächter hervorrief. Grimaldi war mit dem Leben der armseligen Bewohner der Seitengassen von Drury Lane und Covent Garden vertraut; von seinem Vater, einem gestrengen Lehrmeister, kannte er die Unsicherheiten des Theaterlebens. Über seine unvergleichliche Darbietung schrieb 1827 ein Zeitgenosse:

«Grimaldi war der Idealtyp des Diebs schlechthin; in seinen Händen wurde das Stehlen zur Wissenschaft. Man war bereit, den Diebstahl wegen des Spaßes, den er bereitete, zu entschuldigen. Grimaldi ließ eine Hammelkeule mit entzückender Lässigkeit von der Metzger-Theke verschwinden – mit dem Ausdruck plumper Dummheit im Gesicht, während die Schläue des guten Beobachters unter seinen halbgeschlossenen Lidern hervorblitzte. Er wußte eine Uhr oder ein Taschentuch mit behexender Behendigkeit und absoluter Hingabe an diese Aufgabe zu entwenden und hatte

gleichzeitig ein wachsames Auge auf das Opfer seiner Gaunerei. Grimaldi schien vom Geist des Stehlens derart durch-
drungen zu sein, daß er ihn als Teil seiner Natur selbst verkör-
perte und wofür er weder zu tadeln noch zu bestrafen sei.»

Richard Findlater, Grimaldis Biograph, ergänzte diese
Aussage:

«Jedermann lachte über den clownesken Meisterdieb in einer Zeit, wo kleine Räubereien mit dem Tode bestraft wurden. Je größer die Gefahr, um so größer das Vergnügen. Zu
seiner Zeit glaubte jeder etwas übers Stehlen zu wissen, sei es
als Opfer oder als Dieb.»

Richard Wagner sicher vor Diebstahl

Richard Wagner erzählt in einem Bericht an die *Dresdner Abend-Zeitung* im Jahre 1841 von der Aufführung einer neuen Oper «Die beiden Diebe» in der Pariser Opéra Comique, Musik von Girard:

«Man stiehlt in dieser Oper mit vieler Eleganz und Besonnenheit verschiedene Diamanten und eine goldene Uhr. Die Kleinigkeit ist also bedeutend genug, zumal da mit einer solchen Wahrheit gestohlen wurde, daß jeder unwillkürlich nach seinen Diamanten und seiner goldenen Uhr fühlte, nur ich nicht.»

Aus gutem Grunde brauchte sich Richard Wagner nicht vom Vorhandensein seiner Wertsachen zu überzeugen: seine Uhr und andere Habe hatte er kurz zuvor ins Pariser Leihhaus «Mont de Piété» gebracht.

Wer nichts im Beutel hat, kann
dem Dieb unter die Nase pfeifen.

Die drittschwerste Sünde

Wenn die Spartaner wie wir zwei Westentaschen, zwei Hosentaschen, drei Fracktaschen und fünf Oberrücktaschen gehabt hätten, sie hätten auch mehr gestohlen.

Moritz Gottlieb Saphir

«Je größer die Menschenansammlung, um so größer die Hoffnung der Diebe»

Dies konstatierte der fromme Autor des Siegburger Mirakelbuches im Hinblick auf die Anziehungskraft des Jahrmarkts seiner Heimatstadt zu Christi Himmelfahrt auf die Beutelschneider, weil dieser «sehr besucht ist von Leuten aus allen Seiten, die zum öffentlichen Handel kommen.»

Die Beutelschneider des Mittelalters hatten ein gut funktionierendes Informationssystem entwickelt, das sie davor bewahrte, an der jeweiligen Wirkungsstätte in allzu großer Zahl aufzutreten. In einem vorher ausgemachten Versteck plazierte der zuerst Angekommene einen Würfel mit der Nummer eins nach oben. Der nächste drehte den Würfel auf die Zwei, und so fort, bis die Sechs erreicht war. Der französische Offizier Bussy-Rabutin, der davon in seinen «Mémoires secrets» berichtet, gesteht, daß er etliche Male einen Würfel, der auf Eins stand, mit der Sechs nach oben gedreht habe, um so zu verhindern, daß zu viele Personen bestohlen wurden.

Offensichtlich fehlt den Taschendieben heute eine derartige Übereinkunft. Allzu viele stellen sich zum gleichen Anlaß ein, oft genug zu ihrer aller Nachteil, denn dies aktiviert die

Zivilfahnder der Kriminalpolizei. Auch für sie soll sich der Zugriff lohnen, zum Beispiel wenn die Langfinger wie die Heuschrecken über die Stätten des Dolce vita an der Côte d'Azur anläßlich des Filmfestivals von Cannes herfallen, ihrem traditionellen Saisonbeginn.

Zufluchtsstätte für Langfinger

Wie das Wort es ausweist, ist das im New Forest von Hampshire gelegene Beaulieu ein wahrhaft schöner Ort. Als die Zisterzienser sich 1204 hier niederließen, war es dazu noch eine Oase der Stille und des Friedens. Auf besondere Weise ist Beaulieu mit unserem Thema verknüpft. Die weißen Mönche sagten sich, daß es auch für Mörder, Diebe und Verschwörer eine Stätte der Zuflucht geben müßte, an der sie, geschützt vom «Frieden der Kirche» und der irdischen Gerichtsbarkeit entzogen, Geborgenheit erfahren durften. So kam es dazu, daß Beaulieu bis zum Jahre 1539 zeitweise den größten Spitzbubenhaufen der gesamten Welt in seinen Mauern versammelt sah. Mengen von Taschendieben darunter, ohne Furcht vor drakonischen Strafen wie draußen in der Welt, nur daß sie mit ihren Händen dort nicht viel anzufangen wußten.

Die drittschwerste Sünde

Weihnachtsgottesdienst 1611 in der königlichen Kapelle von Whitehall: Während König Jakob und Königin Anne gerade das Altarsakrament empfingen, wählte sich der gefürchtete Pickpocket John Selman bedächtig sein Opfer aus, das er in einem der Diener von Lord Harrington fand. Zwar gelang es ihm, den Geldbeutel mit vierzig Shillingen zu entwenden, aber man hatte ihn beobachtet, und so ging es vom Gotteshaus direkt in den Kerker mit ihm.

John Selman, berüchtigter Beutelschneider und Taschendieb, hervorgegangen aus Mister Wottons Akademie für Pickpockets. Zum Tode verurteilt, wurde er in der Nähe von Charing Cross hingerichtet

Ein Jahr mußte er schmachten, bis das hohe Gericht endlich seinetwegen zusammentrat. Er wurde für schuldig befunden und zum Tode verurteilt. Sir Francis Bacon, berühmter Philosoph und Staatsmann, wandte sich nach der Urteilsverkündung an John Selman, wobei er die Empfänglichkeit des Königs für Schmeicheleien auszunutzen verstand:

«Die größte und schwerste Sünde, die je begangen wurde, geschah im Himmel, die zweitgrößte geschah im Paradies, dem Himmel auf Erden! Ich kann wirklich und wahrhaftig nicht anders, als dieses Verbrechen für die drittschwerste Sünde zu erachten, da es im Hause Gottes geschah und in Gegenwart von Gottes Statthalter auf Erden, dazu gerade in dem Augenblick, da dieser das Heilige Sakrament empfing. In Anbetracht der Zeit, des Ortes und der Anwesenheit des Königs zum Zeitpunkt des Verbrechens rate ich dir, so wie du dich der Barmherzigkeit des Königs unterworfen hast, du auch die Vergebung aus Gottes Händen erflehen solltest.»

Mit der Barmherzigkeit von König Jakob war es nicht weit her, sieben Tage später wurde das Urteil vollstreckt. Der Chronist wunderte sich über die «unbekehrbaren und reuelosen Gemüter solcher Individuen. Denn einer von der Sorte Selmans, ein Taschendieb, bemächtigte sich während der Hinrichtung seines großen Vorbilds der Börse eines ehrlichen Zeitgenossen, wurde dabei ertappt und eingesperrt und hatte mit Sicherheit nichts anderes zu erwarten, als Selman auf der langen Reise ins Jenseits zu folgen.»

Magische Praktiken

Magische Praktiken sollten in alter Zeit helfen, Diebe ausfindig zu machen. War etwas gestohlen worden, dann stieß man die Spitzen einer Schere in den hölzernen Rand eines Siebes derart, daß die Handgriffe der Schere nach oben wiesen und das Sieb unten an den Spitzen hing. Zwei Personen verschiedenen Geschlechts hielten die Scherengriffe fest. Dann wurden die Namen der verdächtigen Individuen wiederholt in einen Vers eingefügt, in dem die Heiligen Petrus und Paulus angerufen wurden. War der Name des Diebes dabei, drehte sich das Sieb oder fiel zur Erde nieder.

Oder man steckte einen Zettel mit dem Namen des Verdächtigen in das hohle Ende eines Schlüssels, den man in die Bibel legte, während der 18. Vers des 50. Psalmes gesprochen wurde, wo es beziehungsreich heißt:

Erspähst du einen Dieb, schon läufst du mit ihm,
mit Ehebrechern pflegst du Umgang.

War der Name des Diebes im Schlüssel, dann drehte sich der Schlüssel herum – so jedenfalls glaubte man.

Vielen der Bestohlenen ging es weniger um Entdeckung und Bestrafung des Täters. Sie waren schon zufrieden, ihr Eigentum zurückzuerhalten. Sie beteten am Grabe der Heiligen Edigna in Puch bei Fürstenfeld, um die Diebe zur Zurückgabe des Gestohlenen zu zwingen. Gelang es aber, einem ausgemachten Dieb selbst in die Tasche zu greifen, dann war das keine Sünde, im Gegenteil: «Wer einen Dieb bestiehlt, gewinnt hundert Tage Ablaß.»

Hellsichtigkeit einer Besessenen

In seiner «Daemonomania, überaus schröckliche Historie von einem zwölfjährigen Jungfräulein zu Lewenberg in Schlesien, welche der Schandteufel 1605 leibhaftig besessen», erzählt der «Magister Tobias Seilerus, der christlichen Kirchen und Schulen der Kayserlichen Stadt Lewenberg in seinem Vaterland Pastor und Inspector», daß er, als es am schlimmsten geworden, fast täglich zu der Kranken gerufen worden sei. Dann habe sie jedesmal, sobald er sein Pfarrhaus verlassen, den Ihrigen sein bevorstehendes Erscheinen vorausgesagt. Und einmal, als sie in der Kirche gewesen, habe sie plötzlich «Diebe!» geschrien und einen taschendiebischen Fischhändler bezeichnet, der soeben einen Beutel mit Geld an sich gebracht hatte. Ihr Dämon aber habe hinzugefügt, daß er selbst jenem den Diebstahl eingegeben hätte.

Das Büchlein erschien mit Approbation der theologischen Fakultät zu Wittenberg 1605 bei Zacharias Schurer und wurde mit Vorrede von Valentin Alberti neu herausgegeben zu Halle 1674.

Ein Pickpocket zum Anfassen

«Taschendiebe sind auf ländlichen Jahrmärkten immer gegenwärtig, und jedes Jahr gibt es lautstarke Klagen über die Gaunereien dieser Akteure. 1853 wurde ein Mann gerade in dem Augenblick geschnappt, als er einem Farmer die Brieftasche stehlen wollte, wobei dieser Farmer nicht der Einzige war, dem Ähnliches widerfuhr. Der Schurke wurde festgenommen und entpuppte sich als ein berüchtigter englischer Pickpocket. Da die Verkaufsmesse am nächsten Tag schließen sollte, rechneten wir für unsere Schaustellung nur mit wenigen Einnahmen.

Am nächsten Morgen wurde der Delinquent verhört, für schuldig befunden und inhaftiert. Ich erhielt die Einwilligung des Sheriffs, ihn öffentlich vorzuführen. Das war eine gute Gelegenheit für die Geschädigten, den Mann als Dieb zu identifizieren. Sogleich ließ ich Handzettel verteilen, auf denen ich die Vorführung des Pickpockets am letzten Messetag als besondere Attraktion verkündete.

Mengen von Menschen strömten herbei, um diesen realen Dieb bestaunen zu können, der tags zuvor einen ehrlichen Farmer bestohlen hatte. Rechtschaffene Mütter brachten ihre Kinder aus zehn Meilen Entfernung mit – jedenfalls stimmte bei uns die Kasse an diesem letzten Tag des Jahrmarkts.»

Aus den Lebenserinnerungen des amerikanischen
Schaustellers und Zirkusdirektors Phineas T. Barnum,
dem «König des Humbugs»

Ein Berliner Taschendieb

Der Mensch in der Masse, abgelenkt durch eine besondere Attraktion, dazu ein raffinierter Taschendieb, der sein Opfer gleich zweimal überlistete, machen den Reiz einer Geschichte aus, den die *Illustrierte Chronik der Zeit* im Sommer 1871 abdruckte. Viele Menschen strömten nach Berlin, um den «Ruhmeseinzug der Truppen am 18. Juni mit anzusehen» – der deutsch-französische Krieg lag hinter ihnen. In der Menschenmenge gab es einen reichen Rittergutsbesitzer aus der Nähe von Halle an der Saale, man hatte ihn vor Taschendieben gewarnt:

«Aber Jener hatte gelacht und seine kostbare, mit Brillanten besetzte goldene Repetieruhr in der Westentasche behalten. Er war so aufmerksam gewesen und hatte stets die Hand auf das Herz, auf welchem die kleine Uhr tickte, gedrückt und doch, als er in ein Restaurant kam, um sich zu stärken, war die Uhr fort und die Kette hing frei an der Weste herunter! Der Geschädigte erließ in sechs Berliner Zeitungen einen Aufruf, in welchem er um Rückgabe der Uhr, deren Wert er auf 130 Thaler angab, bat, sein Ehrenwort verpfändend, daß er diesen Betrag und noch 20 Thaler zahlen würde, wenn er die Uhr wieder bekäme und man ihm sage, wie es möglich gewesen, dieselbe zu ‹entlehnen›.

Tatsächlich bekam der Gutsbesitzer zwei Tage später im Hotel Besuch, es war um 8 Uhr früh, er lag noch im Bett und war mit Kaffeetrinken beschäftigt. Ein junger Mann trat ins Zimmer:

‹Verzeihung, Ihnen ist die Uhr lieb und werth, Sie gaben Ihr Ehrenwort, keine Anzeige zu machen, hier ist die Uhr!›

Der Gutsbesitzer schlug vor Begeisterung mit der Faust auf den Nachttisch, drückte dem Dieb die 150 Thaler in die Hand, schenkte ihm einen Cognac ein, und der mußte nun erzählen:

‹Die Sache ist einfach; ich sah Ihnen den Provinzialen an, weil Sie die Häuser alle anstarrten und vor einem Schutzmann, den Sie um Auskunft baten, den Hut so tief abzogen. Ich folgte Ihnen, denn da Sie trotz der großen Wärme und der brennenden Sonne den Überzieher zugeknöpft und die Hand fest auf die linke Seite gedrückt hatten, dachte ich, aha, da ist was drin! Ich stand im Gedränge hinter Ihnen, Sie knöpften, da Ihnen doch zu warm wurde, den Rock auf, aber die Hand ließen Sie nicht los. Ich fuhr Ihnen nun mit einer feinen Uhrfeder hinter den Ohren entlang – sehen Sie, so – Sie juckten sich dort ein-, zwei-, dreimal, ein Knipps mit dieser Zange hier – die Kette war los, und die Uhr mein, während Sie im Gedränge die Hand fest wieder auf die Tasche legten – doch nun Adieu, und das nächste Mal nicht zu vorsichtig!›

Damit war Jener, rückwärts gehend, zur Thür hinaus, und als der alte Herr sich an dem wiedererhaltenen Erbstück, auf welches er liebkosend die breite, Arbeit gewöhnte Hand gelegt, erfreuen will – weg war die Uhr und trotz des Geschreies und trotz des abgerissenen Klingelzuges, der das ganze Hotel alarmierte – weg war der Mann!»

Ungewöhnliches Versteck

Über einen längeren Zeitraum machte in Paris ein Taschendieb mit einer ungewöhnlichen List große Beute, bis man ihm schließlich doch das Handwerk legte. Die Nachricht hierüber gelangte um 1885 auch in die deutschsprachigen Journale:

«Der Taschendieb war ein Stelzfuß, welcher ein künstliches Bein trug und dieses Bein als Magazin für die gestohlenen Sachen benützte. Mit unglaublicher Raschheit verstand er es, die von ihm oder seinen Diebsgenossen gestohlenen Gegenstände in das Magazin zu befördern, und obwohl sorgfältige Beobachtung feststellte, daß der so achtbar aussehende Mann ein gefährlicher Taschendieb sei, gelang es dennoch nicht,

Ungewöhnliches Versteck

denselben durch den Besitz der gestohlenen Gegenstände zu
überführen. Dies wurde erst möglich, als ein Detective, welcher diesen Taschendieb zu beaufsichtigen hatte, die Wahr-
nehmung machte, daß derselbe sofort, nachdem ihm ein Griff
gelungen, an dem Schenkel seines Stelzfußes sich zu schaffen
machte. Man fand auch in der Hose daselbst einen Schlitz, der
zu einer Öffnung führte. Der Dieb wurde, nachdem er einer
Dame eine Uhr abgezwickt hatte, auf das Polizeibureau geführt, wo ihm der Commissär sofort seinen Stelzfuß ab-
schnallte. In Gegenwart der bestohlenen Dame wurde so-
dann der Stelzfuß untersucht, und die Dame agnoscirte
alsbald in einer ihr vorgewiesenen Uhr ihr Eigenthum.»

Das schlechte Gewissen

Im Osten Deutschlands, vor dem Ersten Weltkrieg: Mehrere polnische Landarbeiter saßen beim Branntwein. Als die Zeche beglichen werden sollte, vermißte einer von ihnen 30 Mark. Sogleich wurde beschlossen, daß der Bestohlene eine Wallfahrt nach der «Heiligen Linde zur Mutter Gottes» unternehmen solle, denn die würde ihm Rat und Hilfe zuteil werden lassen. Alle wollten sie zusammenlegen, um das Reisegeld aufzubringen. Da erhob sich einer der Polen, schreckensbleich und vor Angst zitternd, und gab dem Bestohlenen das entwendete Geld zurück. Als Entschuldigung gab er vor, es sei doch nur ein Scherz gewesen.

Hund als Helfershelfer

In Bayern kam ein Mann auf die Idee, seinem Hund das Apportieren fremden Eigentums beizubringen. Hatte er ein bestehlenswertes Opfer erspäht – eine Frau mit einer Handtasche – gab er seinem Labrador-Rüden das leise Kommando: «Klau's Tascherl!» Eines Tages blieb der erwartete Hinzuverdienst aus. Der Hund eines Opfers packte den Hund des Diebes. Der sagte vor Gericht: «Da hab' ich meinem Viecherl doch helfen müssen, und dadurch ist alles aufgekommen.»

Die Methode war keineswegs neu, sie wurde bereits im 18. Jahrhundert von einem Tom Gerhardam vorexerziert, der auf die List verfallen war, ein Bologneserhündchen zum Stehlen abzurichten. Während es den Londoner Straßenpassanten die Geldtaschen wegschnappte, flanierte sein Herrchen wie ein Gentleman müßig umher. Der Mann, der seinen Opfern selbst nie zu nahe kam, wurde schließlich das Opfer einer gnadenlosen Gesetzgebung. Am Galgen von Tyburn, eben dort, wo heute der jedem Touristen wohlvertraute «Marbel Arch» steht, beendete Tom Gerhardam 1711 sein Leben.

Es ist noch nicht lange her, da fühlten sich manche Amerikaner so richtig von einer Hundeleine eingewickelt. Wenn sie von einigen hilfreichen Passanten entfesselt worden waren, waren sie nicht nur aus einer unangenehmen Situation befreit, sondern auch von ihren Brieftaschen. Das Hundchen war von einer jungen Frau darauf trainiert worden, um einen Straßenpassanten solange herumzulaufen, bis der sich nicht mehr bewegen konnte. Die Komplizen, immer gleich zur Stelle, besorgten alles weitere.

Letzte Variante des alten Tricks: Wenn sich eine Frau heute in einem Amsterdamer Straßencafé niederläßt, sollte sie ihre Handtasche nicht neben dem Stuhl auf dem Boden abstellen. Es könnte nämlich passieren, daß die Tasche von einem schwarzen Schäferhund aufgeschnappt und weggetragen wird. Das gut trainierte Tier hat auf diese Weise seinem Besitzer schon manche Beute zugeführt.

Blaublütiges Intermezzo

Taschendiebe hielten sich früher für Aristokraten in der Hierarchie des Gaunertums. So wundert es uns nicht, wenn die diebische Hand namhaften Persönlichkeiten oder Herren vom Adel gehörte: der Graf von Rochefort, der Chevalier de Rieux, der Graf von Harcourt zählten sich zu Mitgliedern der «haute pègre», zum «gehobenen Gaunerstand». Als gar Gaston d'Orléans, der Bruder König Ludwigs XIII., sich unter die Langfinger mischte, schlossen sich ihm mehrere Herren erster Familien des Hofes an. Ein nichtsnutziger Zeitvertreib war das für die adligen Herren, die ihr Handwerk am hellichten Tage und unter den Augen der Gendarmen praktizierten, die nichts dagegen machen konnten.

Kleine Diebe hänckt man, vor den
großen thut man den Hut ab.
Politischer Blumengarten, 1662

Des Königs diebisches Vergnügen

Einen perfiden Spaß erlaubte sich der junge König Karl IX. von Frankreich, einer der unfähigen Söhne jener Katharina von Medici, die das Verbrechen zu einem Instrument der Politik gemacht hatte. Er war ein nervöses, wenn nicht geisteskrankes Wrack. Bewundernswert erschien ihm vor allem die Geschicklichkeit in jedwedem Bereich, ihr schenkte er Anerkennung und Verehrung. Nirgends fand er diese Eigenschaft glanzvoller ausgebildet als bei der großen Sippschaft der Manteldiebe, der Gauner und Geldabschneider.

Dieser absonderliche junge Mann gab im königlichen Palast ein großes Fest, das er zu seiner eigenen Belustigung mit der Einladung von zehn der besten Taschendiebe aus Paris zu würzen gedachte. Mit des Königs voller Zustimmung durften sie sich unter die Adligen mischen und alles mitgehen lassen, was ihnen unter die Finger kam – mit der einzigen Auflage, nicht erwischt zu werden.

Die Diebe machten reiche Beute, und Karl beobachtete amüsiert das geschickte Ausplündern seiner Gäste. Er lachte vergnügt, als Juwelen, kostbare Fächer, Parfümbehälter und edle Seitenschwerter zu verschwinden begannen, zum Kummer der Betroffenen, die mit Überraschung und Bestürzung ihre Wertsachen vermißten. Sie wunderten sich auch, was der König daran so lustig fand, bis sie – zu spät – erkannten, daß dies alles ein gar nicht königlicher Streich auf ihre Kosten war.

Der Sonnenkönig als Mitwisser

Der gesamte Hof Ludwigs des Vierzehnten hatte sich in der Schloßkapelle von Versailles versammelt. Die Heilige Messe war soeben zu Ende. Der große König bemerkte, als er sich erhob, einen jungen Höfling, der aus der Tasche des vor ihm

*Peinlicher Moment der Entlarvung eines Missetäters in aristo-
kratischer Gesellschaft. Nach allzu vielem hatte er gegriffen,
Uhren, Besteckteile und einen Kerzenhalter fand man in seinen
tiefen Taschen. Pieter van den Berge, Sohn eines Amsterdamer
Verlegers, hat diese Szene um 1710 festgehalten.*

Sitzenden eine goldene, reich mit Diamanten besetzte Tabaksdose entwendete. Der Edelmann, der den Blick des Königs auf sich ruhen fühlte, machte diesem lächelnd ein Zeichen der Bedeutung, der König möge schweigen. Der König glaubte, es handele sich lediglich um ein amüsantes Spiel, um einen Schabernack. Er antwortete ihm verständnisvoll mit einem Neigen des Kopfes, was soviel heißen sollte wie «gut, gut, in Ordnung!»

Beim Verlassen der Kapelle bat der König den Bestohlenen um etwas Tabak; während dieser vergeblich nach seiner Tabaksdose suchte, blickte Ludwig sich unter seinem Gefolge um, konnte jedoch den nicht entdecken, der ihn zum Komplizen gemacht hatte. «Ich habe geholfen, Sie zu bestehlen», mußte der große König verblüfft bekennen.

In bester Gesellschaft

Ein junger zu seinem Vergnügen reisender englischer Lord war zur Zeit der Restauration in die erste Gesellschaft Neapels eingeführt worden. Gleich am ersten Abend wurde ihm seine Geldbörse entwendet. Man kann sich seine Entrüstung vorstellen, als er sie beim nächsten Hofball in der Hand eines elegant gekleideten Mannes bemerkte. Schon wollte er Lärm schlagen, als ein neben ihm stehender Herr sagte: «Um Gotteswillen, bleiben Sie bitte ruhig. Wenn Sie durchaus Ihre Börse wiederhaben wollen, werde ich sie Ihnen ohne Aufsehen besorgen.» Der Engländer sah mit Erstaunen, wie sein Ratgeber sich in ein Gespräch mit dem vornehmen Dieb einließ und ihm dabei unauffällig die Geldbörse aus der Tasche zog.

Als der junge Lord seinem unbekannten Helfer seinen Dank und zugleich seine Verwunderung über die ihn merkwürdig berührende Geschicklichkeit aussprach, meinte jener lächelnd: «Das liegt im Beruf. Wir sind darin den Herren von der Polizei noch bedeutend über.» Der Lord erfuhr später, daß er mit dem Finanzminister des Königs von Neapel gesprochen hatte.

Rom: Der Diebstahl wird geadelt

In den dreißiger Jahren des 19. Jahrhunderts wurde die römische Gesellschaft von Diebereien beunruhigt, für die es lange keine Erklärung gab. Schließlich wurde bekannt, daß es eine Gesellschaft Adeliger war, welche große Fertigkeit im Stehlen an den Tag gelegt hatte. Der römische Korrespondent der *Augsburger Allgemeinen Zeitung* berichtete am 15. Juli 1837 aus der Heiligen Stadt diese unheilige Geschichte:
«Diese Gesellschaft, in welcher sich auch Personen aus der Leibwache des Papstes befinden, hatte längst in den höchsten Cirkeln und auch da ihr Spiel getrieben, wo Personen geringeren Standes keinen Zutritt haben; und die Heuchelei, mit welcher sie ausgerüstet war, ließ ihre Mitglieder lange für musterhafte Christen gelten. Die Gräfin Compagnoni aus Macerate gab, um Schonung bittend, zuerst einige ihrer Mitglieder an. Unter den bereits Eingezogenen befinden sich der Graf Dionisi da Treja und die Gräfin Angelucci da Treja. In ihren Wohnungen wurden entwendete Uhren, Tabaksdosen, Juwelen und Geld gefunden. Die Römer bemerken hierbei, daß auf diese Weise der Diebstahl wenigstens geadelt werde.»

In Flushing stiehlt man besser keine Uhr

Bei einem festlichen Bankett in New York, zu dem eine illustre Gesellschaft Mark Twain eingeladen hatte, brachte der Schriftsteller in einer trockenwitzigen Tischrede seine Kritik an der Engstirnigkeit und Provinzialität amerikanischer Gesetzgeber auf diese Weise an:

«Ein Straßenbahnschaffner aus Flushing auf Long Island war in den Senat des Staates New York gewählt worden. Während einer seiner vielen Fahrten war diesem Mann in der Straßenbahn früher einmal die Uhr gestohlen worden. Das erste von diesem neugewählten Senator eingebrachte Gesetz sah eine drastische Strafverschärfung für jene Taschendiebe vor, denen es einfallen sollte, innerhalb des Ortsbereichs von Flushing jemandem in der Straßenbahn eine Uhr zu entwenden.»

Warum ein Pickpocket auch «Kanone» genannt wird

Im amerikanischen Sprachgebrauch findet man neben «pickpocket» auch das Wort «cannon» als Bezeichnung für den Taschendieb bzw. für sein unehrliches Gewerbe. Die sprachliche Ableitung hierfür ist ebenso interessant wie sinnfällig.

Viele Begriffe des Rotwelsch, der Gaunersprache, sind jiddischen Ursprungs. Im Hebräischen bedeutet «ganav» «Dieb» oder «stehlen». Die Bewohner der Lower Eastside, des jüdischen Viertels von New York, machten daraus «gonnif», was noch heute im Jiddischen «Dieb» bedeutet, und verkürzten den Terminus umgangssprachlich auf «gon». Die nichtjüdische Bevölkerung New Yorks und darüber hinaus übernahm diesen Begriff als «gun» und bezeichnete damit gezielt den Taschendieb. Bald galt es als schick, den erfolgreichen Pickpocket, den «big gun» also, «cannon» zu nennen. Beide Begriffe sind inzwischen im Amerikanischen fest etabliert.

Interessant ist auch die Parallele zum umgangssprachlichen Gebrauch des Begriffs «Kanone» im Deutschen.

Das also ist die Welt

Eine Erzählung des niederländischen Schriftstellers Arthur van Schendel handelt von einem Taschendieb, dem eines Tages diese Art von Dieberei nicht mehr genügt. Er verlegt sich auf den Straßenraub, überfällt mit seiner Bande Reisekutschen und läßt die Überfallenen zu einer im Walde gelegenen Felsenburg bringen. Dort spielt er gegenüber seinen unfreiwilligen Gästen, oftmals vornehme Herren, Gelehrte und Künstler, in vollendeter Manier selbst den Herrn von Rang und bewirtet sie aufs Erlesenste, bevor er sie, erleichtert um Wertgegenstände und Geld, in die Freiheit entläßt.

Eines Tages ist unter den Opfern auch ein berühmter Rezitator, den der Räuberfürst mit allen Ehren empfängt. Während einer abendlichen Darbietung trägt der Künstler Texte aus einigen der bedeutendsten Tragödien der Menschheit vor. Fasziniert lauscht der Räuberfürst den ganzen Abend hindurch. Nachdenklich zum Schluß, klatscht er nicht in die Hände, sondern reicht dem Künstler seinen Degen und seinen Federhut: so also geht es zu in der Welt. In ihr ein großer Herr zu sein, lohnt sich nicht. Fragwürdig ist ihm alles geworden, was er da auf den Straßen seines Landes getrieben hat, auch die angenommene aristokratische Pose im Umgang mit den Ausgeraubten. Nach dieser Nacht verwandelt sich der Räuberfürst zurück, wird wieder schlichter Taschendieb, geht in die Stadt, greift nach geringer Beute, wird endlich ertappt und gehängt.

Zum Schluß: Wo man noch unbekümmert verweilen kann

Ein Geheimtip für jeden, der in unfreiwillige Berührung mit den englischen Pickpockets kam: Er möge sich im verträumten Städtchen Leybin von ihnen erholen. Dieser Ort liegt in einem der malerischen Täler von Yorkshire, er weist die niedrigste Kriminalitätsrate von Großbritannien auf, weshalb auch das Amtsgericht dort bei der nächsten Justizreform aufgelassen werden soll. Für Touristen wird der Ort immer beliebter, niemand braucht hier um seine Barschaft besorgt zu sein. Die Buchungen haben sich in letzter Zeit verzehnfacht. Paradiesische Zustände – noch!

Epilog

Die Vergangenheit holt mich ein: London heute

Gänzlich unerwartet fand ich mich in die Zeit zurückversetzt, in der man London als das «Diebesnest Europas» bezeichnete. Ich kam aus der Universitätsbibliothek und rettete mich vor einem Regenschauer ins nächstbeste Geschäft in Bloomsbury. Es war ein auf Landkarten spezialisiertes Unternehmen. Behutsam entfaltete der alte Herr, dem ich mein Interesse an den Taschendieben genannt hatte, eine Karte vor meinen Augen.

«Gestern erst habe ich sie gekauft, ‹Carey's Actual Survey of the Country 15 Miles Round London›, aus dem Jahre 1800, da steckt etwas drin für Ihr Thema.»

Er reichte mir ein Vergrößerungsglas und wies auf einen Punkt südlich der Themse. Und tatsächlich, da gab es also damals eine «Pickpocket Lane», nicht weit von der Stelle entfernt, wo heute das riesige Kraftwerk von Battersea steht. Ein Straßenname, der an die beständige Präsenz der Langfinger gemahnte im alten London. Wir waren uns darüber einig, daß man jene «Pickpocket Lane» nicht hätte in «York Road» umbenennen sollen. Denn London war schließlich nicht nur um 1800 das Paradies der Taschendiebe, «... wo deren Gewerbe am unverschämtesten und am berechnetsten getrieben wird, und wo dieses Verbrechen zu einer wahrhaft artistischen Ausbildung gediehen ist».

Das ist bis heute so geblieben. London ist ein Tummelfeld für Taschendiebe. Warnende Kleinplakate allenthalben: *Beware of Pickpockets!* Überall in den Museen, den Bussen, der Underground, auf den Bahnhöfen. Auch dort, wo man die Langfinger nun wirklich nicht vermutet, in den stillen Tempeln des Geistes, den Archiven und Bibliotheken. Auch in den Kirchen fehlen derartige Appelle an die Wachsamkeit nicht. In der Kirche am Soho Square, die dem Heiligen Patrick geweiht ist, wird gemahnt, die Handtaschen nicht in den Bänken zu lassen, wenn man zum Altar geht, die Kommunion zu empfangen.

Zwischen Parlament und Abtei wird in Westminster City derartig exzessiv gestohlen, daß die Einheimischen nur noch von «Thiefminster» sprechen; Heathrow, längst schon Schrecken der Flugpassagiere, wird entsprechend sinnerfüllt als «Thiefrow» bezeichnet. Am Sonntagvormittag machen die Pickpockets ihre Fingerübungen unter den Menschenmassen, die in Whitechapel auf der Petticoat Lane ihr Schnäppchen machen wollen; im Wachsfigurenkabinett der Madame Tussaud sind sie dabei, in jedem Theater, in den Schlangen auch, die geduldig vor den Kinokassen anstehen.

Im Herzen der Londoner City wurde ich selbst Zeuge einer ungewöhnlichen Diebesfahndung. Ich war in einem Kunstantiquariat im Buchhändlerviertel bei der Charing Cross Road. Mit Richard MacMillan unterhielt ich mich über die Pickpockets der Metropole. Mein Gesprächspartner konnte mit eigenen Erfahrungen aufwarten, denn dreimal hatten sich Langfinger in seinem Geschäft von ihm völlig unbemerkt über seine Brieftasche schon hergemacht!

Während wir noch miteinander redeten, bildete sich draußen eine Menschenansammlung. Polizisten stellten sich ein, einige von ihnen kletterten an den Gerüsten in die Höhe, mit denen die alten Häuser des Cecil Courts eingerüstet waren. Einem auf frischer Tat ertappten Pickpocket sei die Flucht gelungen, so erfuhr ich, er habe den Weg über die Gerüste gewählt, offensichtlich war er über die Dächer entkommen.

Wenige Tage später, Portobello Road. Mengen von Schaulustigen drängten sich durch den beliebten Antiquitätenmarkt. Auf Taschendiebe angesprochen, bedeutete mir ein Graphikhändler, daß er sie zwar nicht auf alten Stichen habe, daß die real existierenden Exemplare jedoch hier um so zahlreicher vertreten seien, ich solle mich nur vorsehen.

Seit Shakespeares Zeiten hat sich gar nicht soviel geändert. Taschendiebe ernten ab, was sie nicht gesät haben, vor allem sind die von fernher kommenden Besucher Londons willkommene wenn auch unfreiwillige Zuträger reicher Beute. Auch heute gilt, was man damals sagte:

«Sie gehen reicher an Erfahrung nach Hause –
wenn auch mit leeren Taschen.»

Danksagung

Vor dreißig Jahren geleitete mich Harry Baron, englischer Zauberkünstler und Fachschriftsteller, in London zum Saffron Hill. Bei der Hausnummer 42 sagte er: «Hier war die Taschendiebsschule, die Charles Dickens zu seiner Schilderung im Oliver Twist inspiriert hat.» Ebenso wie Harry Baron bin ich allen dankbar, die mir Hinweise zu meinem Thema zukommen ließen; sie waren mir wichtig und hilfreich.

Über eigene Erfahrungen mit den Langfingern oder Erlebnisse, die ihre Freunde betrafen, berichteten mir:

Irving Desfor (Delray Beach, Florida); Dr. Leo Fiedler (München); Ulla Fleckhaus (Odenthal); Maria Veronika Heiner de Rincón (Barcelona), die das Erscheinen dieses Buches nicht mehr erleben durfte; Richard MacMillan (London); Dr. Mechthild Müller (Augsburg); Ingrid Neye (Kyllburg); Dr. Helga Rusche (Münster i. W.) und Dr. Hans Zotter, bei dem ich mich in der Grazer Universitätsbibliothek auch gleich mit raren Werken über die Gaunerzünfte vertraut machen konnte.

Während unseres langwährenden Kontaktes haben mir die im Buch genannten Taschendiebfahnder durch ihr kooperatives Verhalten Einblicke in die Arbeitsmethoden der Taschendiebe von heute vermittelt und die Möglichkeit gegeben, sie aus ihren polizeiinternen Fachveröffentlichungen zu zitieren:

Karl-Heinz Aderhold, Taschendiebfahnder der Bahnpolizei Köln; Kriminalhauptmeister a. D. August Buchner, München; Kriminalhauptkommissar Richard Heinecke, Frankfurt; Kriminaloberkommissar Frank Hellmuth, Frankfurt; Kriminalhauptkommissar a. D. Hermann Kalleicher, Hamburg; Kriminaloberkommissar Friedrich A. Schmidt, Frankfurt. Ebenso gilt mein Dank Kriminaloberrat Winfried Roll von der Kriminalpolizeilichen Beratungsstelle Berlin, Kriminalhauptkommissar Reinhard Schäfer vom Bundeskriminalamt Wiesbaden und dem Sprecher der Staatsanwaltschaft Köln, Dr. Johannes Wilhelm, die mir Informationen und Trendmeldungen zukommen ließen.

Über aktuelle Vorkommnisse berichteten aus den USA Allen Berlinski, Richard Hatch und David Meyer, dem ich außer Nachrichten über die Szene von Chicago auch Fakten aus der Geschichte des Metiers zu danken habe. Aus der Schweiz spielte mir Verena Flury Meldungen zu, aus Frankreich Martina Vierkötter. Manfred Hanke und Solmu Mäkelä halfen mit Hinweisen zur Literatur und zu Gentleman Jack, der Basler Kunsthistoriker Dr. Robert Th. Stoll entschlüsselte das Motiv für die Entstehung der Witze über die Thurgauer Langfingerzünftler.

Meine Recherchen wurden außerdem wesentlich unterstützt von Robert Lund, der in Marshall, Michigan, das American Museum of Magic gründete, und von Alan H. Wesencraft, dem Kurator der Harry Price Library in der Londoner Universitätsbibliothek.

Siegfried Himmer, Köln, und Robert Lebeck, Hamburg, danke ich für die freundliche Überlassung von Fotos, meiner Frau für die Übersetzung aller fremdsprachlichen Texte dieses Buches, die noch nicht in deutscher Sprache vorgelegen haben.

Alexander Adrion

Nachweise

Texte

Aus: Georges Simenon, Zahltag in einer Bank. Reportagen aus Frankreich. Ausgewählt und mit einem Nachwort von Hanns Grössel. Deutsch von Guy Montag. © 1984 by Diogenes Verlag AG Zürich: (85).

Bilder

Sammlung Robert Lebeck: Frontispiz. – Aus: Spionagegeschichten, -fälle und -affären von Goethe bis W. Somerset Maugham. Herausgegeben von Graham Greene, Hugh Greene und Martin Beheim-Schwarzbach. Mit Zeichnungen von Paul Flora. © 1969 by Diogenes Verlag AG Zürich: (11, 133). – Aus: Eugen Villiod, Wie man stiehlt und mordet: (52). – Aus: Chaval, Zum Lachen und zum Heulen. © 1969 by Diogenes Verlag AG Zürich: (58). – Gong, 4. 8. 1984: (78). – Programmheft zu «Schade, daß du eine Kanaille bist»: (85). – Fred Marcus: (120). – Siegfried Himmer: (116, 123). – Aus: Scherls Magazin, Berlin, April 1931: (128, 129). – Aus: Herbert Asbury, The French Quarter: (75, 138). – Quino, © 1992 Quipost/Distr. Bulls: (144). – Pit Grove, mit freundlicher Genehmigung von U. Piltz-Grove: (148). – Deutsches Filmmuseum, Frankfurt/M.: (154). – Programmheft zu «Pickpocket». Die kleine Filmkunstreihe Heft 53. Frankfurt/Main, November 1965: (155). – Alle anderen Abbildungen: Archiv Alexander Adrion.

Literaturauswahl

Aderhold, Karl-Heinz: Erfolgreiche Observation bei der Taschendieb-stahlsfahndung. Schulungsunterlagen der Bahnpolizei. 1991

Adrion, Alexander: Ihr größter Verdruß aber ist die Sicherheitsnadel – Wie schützt man sich gegen Taschendiebe? Die Zeit 19.4.1966

–: Virtuosen ohne Beifall. Auskunft über Taschendiebe der alten Schule. Stuttgarter Zeitung 20.7.1968

–: Wehrkunde. Die Tricks der Taschendiebe. Capital November 1986

–: Alle träumen vom glücklichen Griff. Kölnische Rundschau 9.8.1987

–: Haltet die Brieftasche fest! Von Langfingern und ihrem illegalen Handwerk. Frankfurter Allgemeine Zeitung 18.11.1989

Asbury, Herbert: The French Quarter. An Informal History of the New Orleans Underworld. London 1936

Avé-Lallemant, Friedrich Christian Benedict: Das deutsche Gaunertum in seiner sozialpolitischen, literarischen und linguistischen Ausbildung zu seinem heutigen Bestande. Wiesbaden 1858

Barnum, Phineas Taylor: Struggles and Triumphs, or the Recollections of P.T. Barnum. Written by Himself. London 1882

Berkes, Koloman: Das Leben und Treiben der Gauner. Budapest 1889.

Boullet, Jean: Kassagi révèle ses secrets. Æsculape (Paris) April 1957

Brod, Max: Streitbares Leben. Frankfurt a.M. 1979

Brod, Max – Kafka, Franz: Eine Freundschaft. Reiseaufzeichnungen. Frankfurt a.M. 1987

Buchner, August: Taschendiebstähle und ihre Bekämpfung. Kriminalistik, Hamburg, November 1961

Burlingame, Hardin J.: Leaves from Conjurers Scrap-Books. Chicago 1891

Chardans, Jean-Louis: Dictionnaire des Trucs. (Les faux, les fraudes, les truquages) Paris 1960

Chesney, Kellow: The Victorian Underworld. Harmondsworth 1972

Code des Gens Honnêtes. Seconde Edition. Paris 1825

Cutpurses and Pickpockets of Old London. London 1965

Estève, Michel: Robert Bresson. La passion du cinématographe. Paris 1974

Ewens, William Thomas: Thirty Years at Bow Street Police Court. London 1926

Findlater, Richard: Grimaldi: King of Clowns. London 1955

Genet, Jean: Journal du Voleur. Paris 1949

Giraud, Robert: Le Royaume secret du milieu. Paris 1965

Groß, Hans: Die Erforschung des Sachverhalts strafbarer Handlungen. Ein Leitfaden für Beamte des Polizei- und Sicherheitsdienstes. München 1919

Harnisch, Gerhard: Taschendiebe. Schriftenreihe des Bundeskriminalamtes. Wiesbaden 1962

Heinecke, Richard: Vom Gentleman-Taschendieb zur organisierten Massenkriminalität. Hessische Polizeirundschau, 10/1988

Heindl, Robert: Der Berufsverbrecher. 2. Aufl. Berlin 1926

Hellmuth, Frank: Taschen- und Handgepäckdiebstahl. Massendelikt oder kriminelles Betätigungsfeld organisierter Tätergruppen. Frankfurt 1989 (Manuskript)

Hemingway, Ernest: 49 Depeschen. Reportagen 1920–1956. Reinbek bei Hamburg 1969

Hogier-Grison: Le monde où l'on vole. Paris o. J.

Houdini, Harry: The Right Way to do Wrong. Boston 1906

House, Humphrey: The Dickens World. 2. Aufl. London 1942

Huppert, Hugo: Wladimir Majakowski. Reinbek bei Hamburg 1965

Kalleicher, Hermann: Es hat geklingelt! Ein Bericht über Taschendiebe. Bund Deutscher Kriminalbeamter, «100 Jahre Kripo Hamburg», 1975

–: Taschendiebe. (Suchen-Erkennen-Beweisen). Der Kriminalist, Juni 1981

Kazmaier, Martin: Der Heilige Abend. FAZ Magazin 20. 12. 1985

Kierkegaard, Sören: Die Tagebücher 1834–1855. In der Übersetzung von Theodor Haecker. Leipzig 1941

Lambert, Richard S.: The Prince of Pickpockets. A Study of George Barrington. London 1930

Larsen, Fred: Die Pinkertons. Leben und Abenteuer der Meisterdetektive. Gütersloh 1959

Livrozet, Serge: Über die Berechtigung, in fremde Taschen zu greifen. Reflexionen eines ehemaligen Diebs. München 1975

Lynx, J. J.: Manolesco. König der Diebe. München 1964

Mitchell, R. J./Leys, M. D. R.: A History of London Life. Harmondsworth 1963

Parr, Eric: Grafters All. An Off-Beat Guide to the Art of Robbery. London 1964

Pickpocket. Über Robert Bressons Film: Die kleine Filmkunstreihe. Heft 53, Frankfurt a. M., November 1965

Richards, P.: Mark Twain Anekdoten. Berlin 1914

Rojas, Manuel: Der Sohn des Diebes. Frankfurt 1986

Rittler, Franz: Gaunerstreiche, oder listige Ränke der Betrieger unserer Zeit. – Eine Beantwortung der Frage: «Wovon leben so viele unbemittelte, und doch nicht arbeitende Menschen, besonders in großen Städten?» Graz 1820

Roda-Roda, Alexander: Das große Roda-Roda Buch. Wien/Darmstadt 1988

SCHERLS MAGAZIN: Verbrecher auf Bestellung. Kriminalistische Experimente des Experimentalpsychologen Dr. Thoma. Berlin, April 1931

Schmidt, Franz von: Vorgeführt Erscheint. Erlebte Kriminalistik, Stuttgart 1955

Schmidt, Friedrich A.: Ein Bericht über Taschendiebe. Wiesbaden 1988 (Manuskript)

Schmidt, Karl Eugen: Pariser Typen. Berlin 1909

Scott, Sir Harold: The Concise Encyclopedia of Crime and Criminals. London 1961

Seldow, Michel: Kassagi. Le Magicien, Paris, Oktober 1957

Sieverts, Rudolf: Handwörterbuch der Kriminologie. Berlin 1966

Simenon, Georges: Zahltag in einer Bank. Reportagen aus Frankreich. Zürich 1984

Smith, Alexander: Leben und Thaten der berühmtesten Straßenräuber, Mörder und Spitzbuben. Frankfurt/Leipzig 1720

Söderman, Harry: Auf der Spur des Verbrechens – Lebenserinnerungen eines Kriminalisten. Köln/Berlin 1957

DER SPIEGEL: Mit Schlafpulver und doppelten Türen, 28/1989

Sprung, Ernst: Wie man Taschendiebe fängt. Kriminalistik, Hamburg, Juni 1958

Staël, Arnold de: Wachsfiguren. Der Lebensroman der Schweizerin Marie Tussaud. Zürich 1940

Stendhal (Henry Beyle): Blätter aus den Reisetagebüchern. 1838. Dt. Ausgabe: Ebenhausen bei München 1955. Übersetzt von Ulrich Friedrich Müller

Sutherland, Edwin H.: The Professional Thief. An Astonishing Revelation of Criminal Life. 5. Aufl. Chicago 1956

Vidocq, Eugène-François: Les Voleurs. Paris 1836

Villiod, Eugen: Wie man stiehlt und mordet. Leipzig 1906

Virmaitre, Charles: Paris-Escarpe. Paris 1887

Wulffen, Erich: Gauner und Verbrechertypen. Berlin 1910

Zimmermann, C. W.: Die Diebe in Berlin. Berlin 1847

Zunzunegui, Juan Antonio de: Die dunklen Straßen von Madrid. Wien 1959.

Menschliches – Allzumenschliches

Rolf Wilhelm Brednich
Die Spinne in der Yucca-Palme
Sagenhafte Geschichten von heute
266.–315. Tausend. 1991. 157 Seiten. Paperback
Beck'sche Reihe Band 403

Die «Kolportagen mit Kaliber», die «unheimlich-bizarren, scheinbar nur fiktiven Geschichten» (Der Spiegel, 12/90) vom Pudel in der
Mikrowelle, der gefährlichen Spinne in der Yucca-Palme und den
selbstproduzierten Privat-Videos, die versehentlich in die häusliche
Gemeinschaftsantenne eingespeist werden, müssen einfach wahr
sein, denn die Nichte der Schwester einer Arbeitskollegin hat sie
selbst erlebt.

Rolf Brednich
Die Maus im Jumbo-Jet
Neue sagenhafte Geschichten von heute
151.–200. Tausend. 1992. 143 Seiten. Paperback
Beck'sche Reihe Band 435

Die neuen Geschichten vom verschwundenen Hotelzimmer, vom
vergifteten Brautkleid, von der Meisterwurz oder von der unfreiwilligen Organspende sind merkwürdig, witzig und manchmal grausig.
Und alle sind absolut wahr!

Thomas Bergmann
Giftzwerge
Wenn der Nachbar zum Feind wird
46.–75. Tausend. 1992. 183 Seiten. Paperback
Beck'sche Reihe Band 473

Thomas Bergmann hat per Zeitungsannonce Leute gesucht, deren
nachbarliche Kämpfe vor dem Kadi endeten, und sie und ihre Geg-
ner interviewt. Er hat Gerichtsprotokolle gelesen und Urteile gesammelt, mit Anwälten, Richtern und Betroffenen gesprochen. Sein
Buch ist eine Reise durch die deutsche Volksseele, eine Tragikomö-
die, eine Chronik des ganz normalen Wahnsinns. Es ist eine doku-
mentarische Realsatire, die in Abgründe schauen läßt: ins Innere des
Kleinbürgers, der in uns allen steckt.

Kriminalität in der Gesellschaft

Siegward Roth
Die Kriminalität der Braven
1991. 164 Seiten. Paperback
Beck'sche Reihe Band 431

Unser Verständnis von Kriminalität ist unvollständig, da es die Kriminalität der Braven nicht berücksichtigt. In unserer Gesellschaft ist nicht nur eine böse Minderheit kriminell, die übrige Gesellschaft ist es zu einem Großteil auch – oft sogar in einem Ausmaß, das sich mit dem Selbstverständnis braver Bürgerlichkeit nicht verträgt.

Katharina Zara
Die Rechthaber
Aus der Männerwelt einer Anwaltskanzlei
3., durchgesehene Auflage. 1989. 170 Seiten. Paperback
Beck'sche Reihe Band 353

«Katharina Zara schildert ohne Beschönigung ihre Niederlagen, Ängste und Hilflosigkeit. Ihre Darstellung wirkt durch die Nüchternheit des Sachberichts umso eindringlicher; zugleich bewahren Pointen und Paradoxien des Stoffes den Leser vor jeglicher Langeweile.» Ursula Gast, Bayerischer Rundfunk

Katharina Zara
Mein kriminelles Tagebuch
Aufzeichnungen aus dem Gerichtsalltag
2. Auflage. 1991. 104 Seiten. Paperback
Beck'sche Reihe Band 404

Subtil und humorvoll beschreibt Katharina Zara in ihrem neuen Buch den Alltag eines Untersuchungsrichters. «Es ist nicht nur unterhaltend, sondern beängstigend; es ist nicht sachlich, sondern Partei ergreifend, und das macht in unserer Wüste justizkritischer Beiträge bereits eine Oase aus.» Profil

Verlag C. H. Beck München